musée suisse

MUSEUM FÜR MUSIKAUTOMATEN SEEWEN SO

Museum für Musikautomaten

Klingendes Erbe

Inhalt

Vorwort des Direktors der Gruppe MUSEE SUISSE

Andres Furger **Das „klingende Museum“**

Vom zirpenden Tabakdöschen über die Spieldose aus Rosenholz zur bombastischen Kirchweihorgel – in ihrer klingenden Vielfalt zeugt die Seewener Sammlung vom generationenalten Bedürfnis, Musik gleichsam „auf Abruf“ verfügbar zu halten. Als Heinrich Weiss im Jahre 1990 seine in vier Jahrzehnten gewachsene, umfangreiche Kollektion der Eidgenossenschaft vermachte, stand für den Bund und die Leitung des Landesmuseums fest, dass sich hier eine einmalige Gelegenheit bot. Mit Hilfe dieser äusserlich so unterschiedlichen, thematisch aber verwandten mechanischen Instrumente liess sich nicht nur auf unterhaltsame Weise ein Stück Technikgeschichte zeigen, sondern auch ein farbiges Stück Alltagshistorie. Und dies in einem kompakten zeitlichen Rahmen: Drehorgel, klingendes Nähkästchen oder selbstspielendes Klavier gehören im wesentlichen zum 19. und zum anbrechenden 20. Jahrhundert. In den 20er Jahren verdrängten Grammophon und Radio, jetzt mit Lautsprecher gerüstet, die mechanisch erzeugte Musik; nur wenige Jahre später legten besonders Hellhörige den Grundstock erster Sammlungen.

Der äussere Rahmen in Seewen – Umbau der bestehenden Ausstellungsräume, Erweiterungsbau mit Werkstätten, Schau- und Archivräumen – entstand ab 1995; gleichzeitig wurde das oben skizzierte Konzept verfeinert. Die im Frühling 2000 eröffnete Dauerausstellung mit ihren drei Themensälen für den geführten Rundgang und dem allgemein zugänglichen Hauptsaal geht aus von der Hörsituation und damit vom einstigen Publikum der mechanischen Musik: Wann und wo lässt es sich vom Leierkastenmann die neuste Moritat vorspielen? Zu welchen Gelegenheiten öffnen Herr und Frau Biedermeier ihre schmucke Mahagoni-Dose, und welches sind ihre Lieblingsmelodien? Und was bedeutet es für den grossbürgerlichen Salon, dass sich die Tochter des Hauses nicht mehr selbst vor die Tasten des Flügels setzt, sondern eine Papierrolle einlegt, die eine meisterhaft ausgeführte Chopin-Sonate erklingen lässt?

Solche Fragestellungen – weg vom objektorientierten Zeigen und hin zum gesellschaftlichen und kulturgeschichtlichen Umfeld – helfen das riesige Potential erschliessen, das in Heinrich Weiss' Pioniersammlung steckt. Dabei ordnet sich das Thema Mechanische Musik zwanglos in eine Mediengeschichte des 19. Jahrhunderts ein, zeigen sich Parallelen zu den neuen Reproduktionstechniken im Gebiet der bildenden Kunst. Die um 1830 aufkommende Photographie, die Lithographie und weitere Druckverfahren zeugen auf ihre Art vom Bedürfnis, das Kunstwerk „tragbar“ zu machen, es beliebig oft zu reproduzieren und auf Abruf bereitzuhalten.

In Seewen wird aber auch das Objekt selbst befragt: Wie tickt es, wie klingt es? Denn gerade die Musikdose und ihre Technik führen mitten hinein in die schweizerische Wirtschaftsgeschichte. Kurz vor 1800 ertüftelte der Genfer Uhrmacher Antoine Favre-Salomon die schwingende, auf eine bestimmte Tonhöhe gestimmte Lamelle aus Federstahl, welche die Welt der mechanischen Musikwiedergabe revolutionierte. In den folgenden Jahren wurde in Genfer und Waadtländer Werkstätten die Technik der schwingenden Lamelle nach allen Seiten hin weiter entwickelt. Die Suche nach neuen musikalischen Effekten liess eine Nischenindustrie heranwachsen, die ein Jahrhundert nach Favres

Erfindung immerhin 2000 Beschäftigte zählte – dies vor allem in der Spieldosen-Metropole Sainte-Croix im waadtländischen Jura sowie in Genf, dem Zentrum für die aufwendig-raffinierten Musikwerke, die *cartels*.

Die Musikdose, die in der Seewener Sammlung in weltweit einmaliger Vielfalt vertreten ist, gilt zu Recht als eine Westschweizer Spezialität. Dass für viele Romands unser neu eröffnetes Zentrum nicht am richtigen Ort liegt und eigentlich in den Waadtländer Jura oder an den Genfersee gehörte, soll hier nicht verschwiegen werden. Historisch gesehen haben diese Stimmen recht; gegen sie spricht die spezifische Sammlungsgeschichte. Seit den ersten Erwerbungen in den frühen 50er Jahren baute Heinrich Weiss das einstige Wochenendhaus im Solothurner Jura Schritt für Schritt zum Museum mit angeschlossener Werkstätte aus. Für Sammler und Kenner aus aller Welt wurde „Seewen" innert kurzer Zeit zur massgeblichen Adresse in Sachen Mechanische Musik.

Dass zehn Jahre nach der Schenkung das neu konzipierte Zentrum im Schwarzbubenland – einer mit kulturellen Institutionen bisher nicht verwöhnten Juraregion – bereitsteht, verdankt sich nicht zuletzt dem Einsatz der kantonalen Behörden Solothurns und den Bemühungen von alt Bundesrat Otto Stich, der das Projekt von Beginn weg förderte. Mein herzlichster Dank geht weiter an die Mitarbeiterinnen und Mitarbeiter unserer Zweigstelle im Jura, die auch in einer undankbaren Zwischenphase den Ausstellungsbetrieb mit viel Improvisationsgeschick aufrechterhielten und gleichzeitig Konzeptarbeit leisteten. Vor allem danke ich dem Schöpfer der Sammlung, Dr. h. c. Heinrich Weiss. Ich freue mich mit ihm, dass just zu einem „runden" Geburtstag ein Lebenswerk sich abrundet, das seinesgleichen sucht. Dank seiner Zähigkeit und seiner Spürnase gehört zur Gruppe MUSEE SUISSE nun ein klingendes Museum, das die Lebens- und Innovationsfreude eines vergangenen Jahrhunderts sicht- und vor allem hörbar macht.

Der Gründer: **Heinrich Weiss, Sammler aus Leidenschaft**

Das Museum für Musikautomaten, im Frühling 2000 in Seewen eröffnet, verdankt seine Existenz der Sammelleidenschaft eines Mannes: Heinrich Weiss. Schon der Schüler Heiri Weiss, Jahrgang 1920, zerlegte und reparierte alte Uhren und konstruierte Dampfmaschinenmodelle. Dank seiner ausgeprägten technischen und manuellen Begabung erledigte sich die Berufswahl fast von selbst: Mechaniker. Mit eisernem Willen bildete sich Weiss nach der Lehre an Abendtechnikum und ETH Zürich weiter. Bereits mit 32 Jahren übernahm er ein eigenes Geschäft, die konkursreife Druckerei seines Schwiegervaters in Basel.

Durch Rationalisierung der Betriebsabläufe und durch Erfindung eigener technischer Vorrichtungen machte der Jungunternehmer den Betrieb in Kürze hochrentabel. 1958 liess er sich einen Vorläufer des heute überall verbreiteten Strichcodes patentieren und stieg damit zum Grosslieferanten für Medikamentenverpackungen auf. Nun konnte Heinrich Weiss seiner Leidenschaft, dem Sammeln von Musikautomaten nachgehen.

Bereits 1956 hatte er im solothurnischen Seewen ein erstes Stück Land für ein Wochenendhaus gekauft, das er 1962 mit Werkstatt und kleiner Ausstellungshalle für seine Sammlung ergänzte. Im Laufe der Jahre erwarb Heinrich Weiss zusätzliche Landparzellen; es entstanden weitere Bauten. 1979 öffnete der inzwischen mit dem Ehrendoktor der Universität Basel ausgezeichnete Sammler seine Kollektion dem Publikum. Zusammen mit seiner Frau Berty Weiss-Stauffacher und einem vollamtlich angestellten Restaurator betrieb er sein Privatmuseum über elf Jahre hinweg, und dies mit wachsendem Erfolg.

1990 entschieden sich Heinrich Weiss und seine Tochter, die Sammlung samt Grundstück und Gebäulichkeiten der Schweizerischen Eidgenossenschaft zu schenken. Die Annahme der Donation durch den Bundesrat am 28. Mai 1990 bedeutete einen Wendepunkt in der Sammlungsgeschichte. Nun wurde das Museum für Musikautomaten Seewen als Aussenstelle dem Schweizerischen Landesmuseum angegliedert.

Heinrich Weiss kümmerte sich auch um die Aufarbeitung der Geschichte der mechanischen Musik. 1975 verfasste er zusammen mit Rudolf Bruhin das reich illustrierte Standardwerk „Musikautomaten und mechanische Musikinstrumente". Dieser beschreibende Katalog gibt nicht nur eine systematische Übersicht der unterschiedlichen technischen Ansätze, Musik gleichsam auf Abruf bereitzustellen. Er geht in einer ausführlichen Abhandlung über das Welte-Reproduktionsklavier auch auf rezeptionsgeschichtliche und musikästhetische Fragestellungen ein: Was geschieht, wenn die bis ins letzte verfeinerte Aufzeichnungs- und Wiedergabetechnik nicht nur Tonfolgen festhält, sondern auch die individuelle Dynamik des jeweiligen Interpreten? Wie verändert das auf einer Papierrolle festgehaltene Spiel des Virtuosen die Hörgewohnheiten des Publikums?

1990 liess Heinrich Weiss das autobiografisch geprägte Buch „Schaffen, Bauen und Erfinden" folgen; 1998 schliesslich schilderte er das Wachsen und Werden der Sammlung im Erinnerungsband „Früh biegt sich, was ein Haken werden will".

Nach der Eingliederung der Seewener Sammlung in die Bestände des Landesmuseums setzte die wissenschaftliche Aufarbeitung der Objekte auf breiter Ebene ein. Es entstand eine Reihe von Einzeluntersuchungen; daneben feierte im Sommer 1996 die grosse Ausstellung „KlangKunst" im Zürcher Mutterhaus das 200-Jahre-Jubiläum der Erfindung der vibrierenden Stahllamelle durch Antoine Favre-Salomon. Diese Ausstellung und der ausführliche Katalog dazu wurden vorab in der Aussenstelle Seewen erarbeitet.

Bei der Annahme der Schenkung hatte sich der Bund verpflichtet, die räumlichen und konservatorischen Bedingungen für die Sammlung durch einen Erweiterungsbau zu verbessern. Zwischen 1995 und 2000 entstand auf dem Bollhübel in Seewen ein repräsentativer Neubau. Dank guter Klimatisierung und grosszügigen Nebenräumen findet die auch in Zukunft weiterwachsende Sammlung hier ein ideales Zuhause. Die alten Säle wurden renoviert und mit einem Verbindungsbau an den Neubau angeschlossen. Schauseite des neuen Museums sind die grosszügigen Ausstellungshallen, aber auch die attraktive Lage im solothurnischen Jura, dem Schwarzbubenland. Die herrliche Landschaft der Umgebung macht den Museumsbesuch zu einem doppelt bereichernden Erlebnis.

Die Schweiz, Land der Klangpioniere

Ausgerechnet im als nüchtern verschrienen Alpenland gelingt eine Erfindung, die Musik „tragbar“ macht. Klingende Lamellen aus Stahl und ein rotierender Zylinder mit Stiften – damit lassen sich die populären Melodien der Zeit festhalten. In Genf und auf den Jurahöhen der Westschweiz schieben einfallsreiche Tüftler die Grenzen der neuen Technik immer weiter hinaus. Aus Schweizer Werkstätten werden klingende Uhren mit kunstvoll bewegten Figuren in alle Welt exportiert. Raffiniert orchestrierte Musikdosen bringen die Werke berühmter Komponisten zum Klingen. Mechanische Musik – ein faszinierendes Thema aus dem Grenzbereich zwischen Muse und Technik!

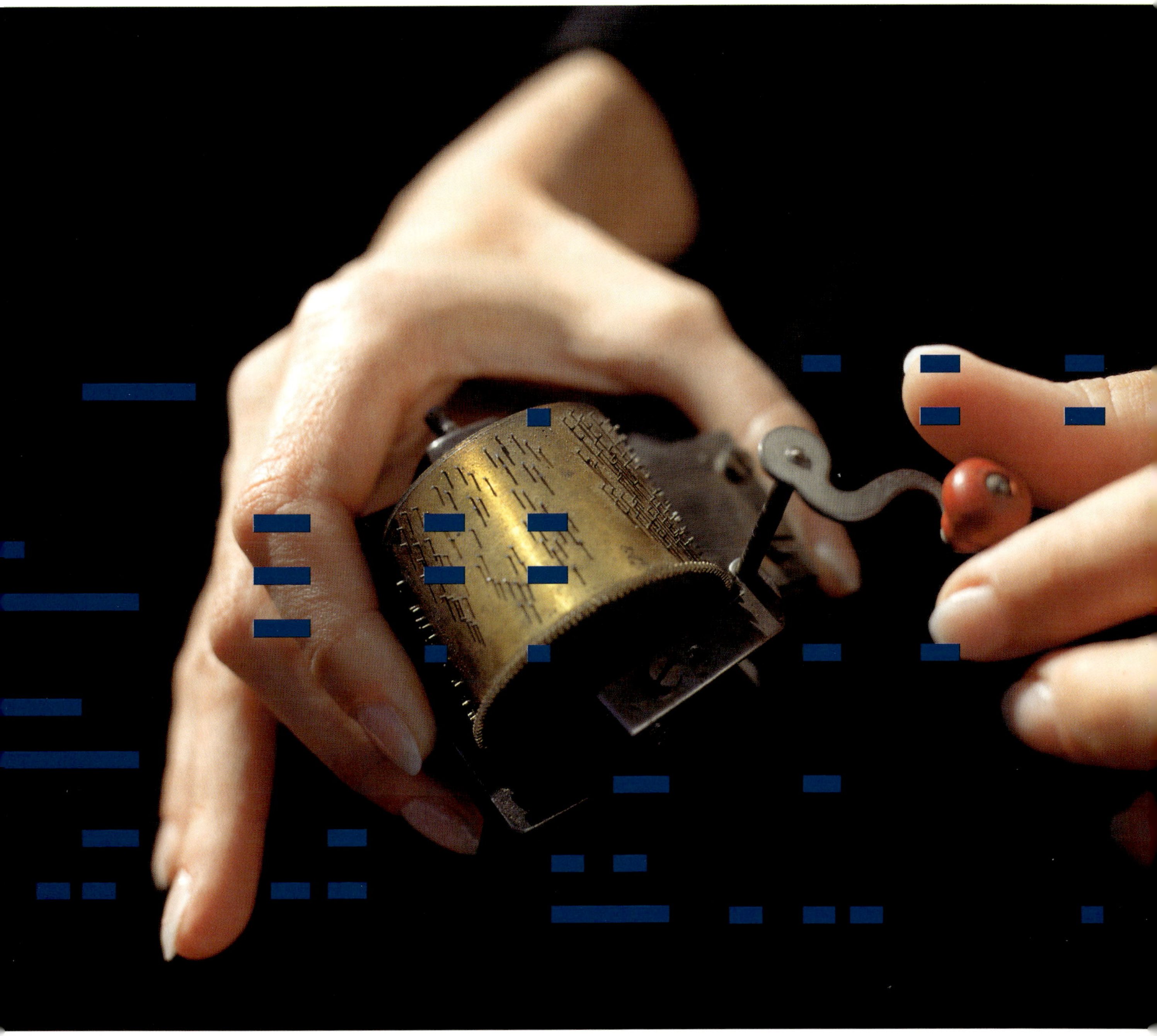

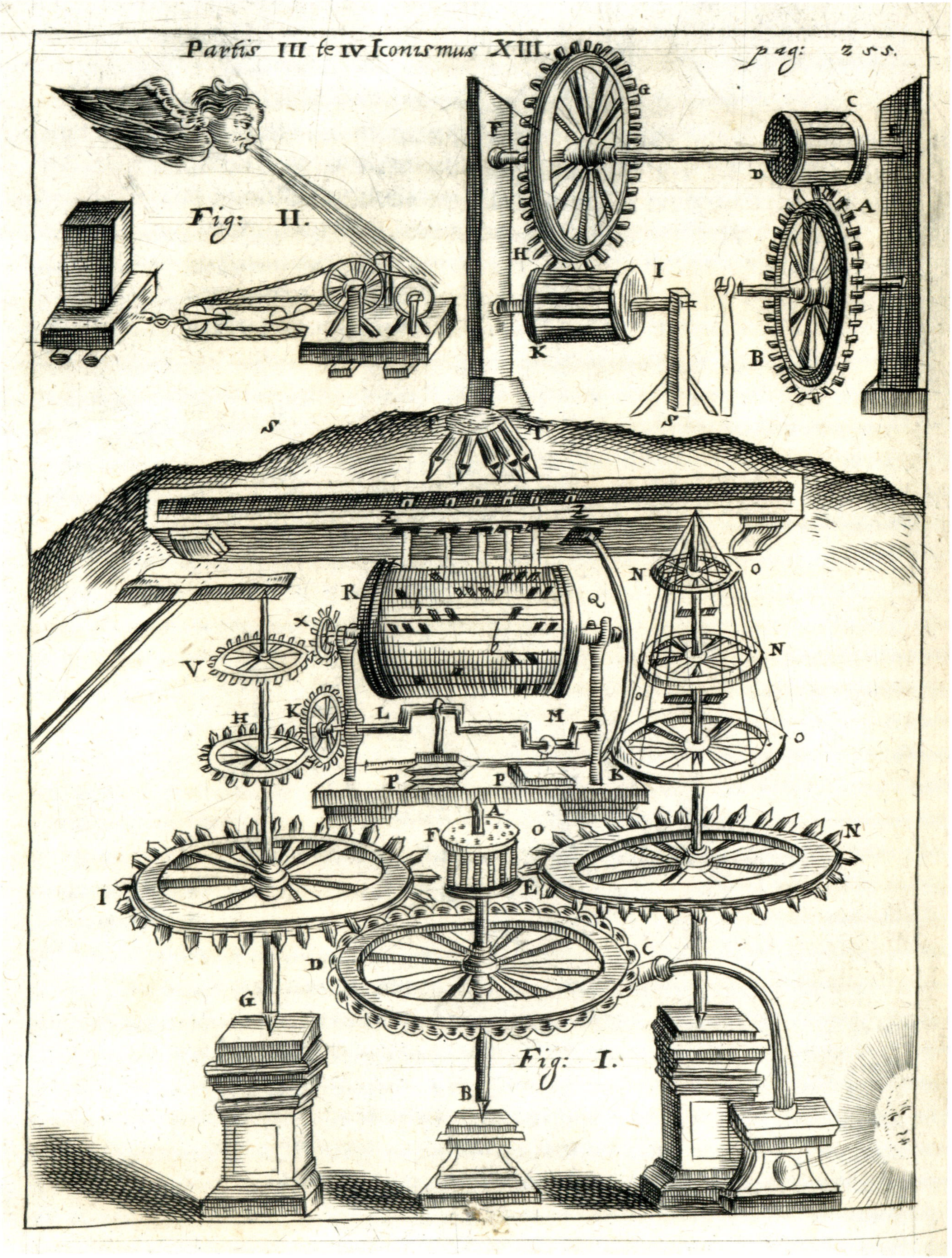

Partis III te IV Iconismus XIII.
pag: 255.
Fig: II.
Fig: I.

Mechanik und Musik

Die nebenstehende Abbildung aus Caspar Schotts *„Magia universalis"* von 1657 wurde mit Bedacht gewählt, weil sie ein Dilemma aufzeigt, in das jede Darstellung des Themas Mechanische Musik gerät: Die Beschreibung der Mechanik fordert sehr viel Platz; darüber geht der musikalische Gehalt meist vergessen.
Es fällt aber gar nicht so leicht, diesem Problem auszuweichen, denn mechanische Musikinstrumente sind vom musikalischen Gesichtspunkt her oft recht simpel. Dem mechanischen Aufwand, den ihre Konstruktion erfordert, steht keine entsprechende künstlerische Leistung gegenüber. Drehorgeln oder Musikdosen spielen fast immer stark vereinfachte Versionen bestehender Melodien. Und wo Komponisten eigens Werke für mechanische Instrumente schufen, garantieren selbst die grössten Namen nicht für Qualität. So meldete Wolfgang Amadeus Mozart 1790 seiner Gattin Konstanze: „Ich habe mir so fest vorgenommen, gleich das Adagio für den Uhrmacher zu schreiben (...) war aber, weil es eine mir sehr verhaßte Arbeit ist, so unglücklich, es nicht zu Ende zu bringen zu können – ich schreibe alle Tage daran – muß aber immer aussetzen, weil es mich ennuirt (...) ja, wenn es eine große Uhr wäre und das Dinge wie eine Orgel lautete, da würde es mich freuen; so aber besteht das Werk aus lauter kleinen Pfeifchen, welche hoch und nur kindisch lauten."
Erst im 20. Jahrhundert bildete sich im Zeichen der beginnenden Moderne ein Bewusstsein für die speziellen Möglichkeiten automatischer Musik heraus. Komponisten wie Paul Hindemith oder Kurt Weill, später György Ligeti, vor allem aber Conlon Nancarrow schrieben Musikstücke, die nur von mechanischen Instrumenten wiedergegeben werden können.
Die folgenden Kapitel widmen sich zunächst dem Beitrag der Schweiz zur Geschichte der mechanischen Musik; dabei stehen technische Aspekte im Vordergrund. Der anschliessende Textteil stellt die mechanischen Musikinstrumente in ihrem zeitgenössischen Kontext vor. Welches war ihr Publikum? Wie und wo kam ein klingendes Döschen, ein Orchestrion zum Einsatz? Wie sah ihr Repertoire aus, und welche Rolle kam ihnen im Alltag zu?

Die Anfänge: **Uhrmacher und Verkaufsgenies der Westschweiz**

In verschiedenen Zweigen der mechanischen Musik hielt die Schweiz zwischen etwa 1770 und 1900 eine internationale Spitzenstellung inne. Spieldosen aus dem Jura, klingende Bijoux und Musikdosen aus Genf gehörten zu den Meisterleistungen der Branche. Heute erzielen sie als gesuchte Sammelobjekte Höchstpreise an Auktionen in London, Genf oder New York.

Damit es zu dieser Leaderstellung kam, mussten verschiedene Faktoren zueinander passen. In der Westschweiz des ausgehenden 18. Jahrhunderts ermöglichte eine liberale Arbeitsordnung dem begabten Handwerker, seine Erfindungsgabe und seinen Arbeitsfleiss auch ökonomisch umzusetzen. So brachten es beispielsweise Pierre Jaquet-Droz oder Jean-Frédéric Leschot durch ihre Tätigkeit als Uhrmacher und Händler zu Ansehen und Reichtum. Eine wichtige Rolle spielte weiter das grosse Reservoir an ländlichen Arbeitern und Arbeiterinnen, die ihre Einkünfte aus den kleinen Gehöften durch einen Nebenverdienst ergänzten und den Uhrenproduzenten als willige und fähige Arbeitskräfte zur Verfügung standen.

Das Uhrmacher-Handwerk hatte sich im Laufe des 17. und 18. Jahrhunderts an verschiedenen Orten der Schweiz etabliert – in Winterthur oder Basel, vor allem aber in Genf und Neuenburg, die damals freilich noch nicht zur Eidgenossenschaft zählten: Neuenburg gehörte zu Preussen, und Genf war eine selbständige Stadtrepublik. Neben der Zeitanzeige im engeren Sinn wiesen die Uhren dieser Epoche oft eine ganze Reihe weiterer Indikationen auf: Datum, Mondalter, Stundenschlag. Hinzu kamen kunstvoll-verspielte Erweiterungen wie Figurenautomaten und kleine Musikwerke, vor allem Glockenspiele und kleine Orgelwerke, die automatisch zur vollen Stunde eine kleine Melodie spielten.

Eine Spezialnische entstand in der zweiten Hälfte des 18. Jahrhunderts im Neuenburger Jura, wo sich Pierre Jaquet-Droz und sein Sohn mit der Herstellung von Figurenautomaten befassten: bewegte Puppen, die auf dem Spinett spielten oder einen Brief schrieben. Die Leistung der Jaquet-Droz bestand freilich weniger im Erfinden neuer Techniken als im geschickten Kombinieren von Bekanntem. Zudem erwiesen sie sich als gewiefte Verkäufer und erlangten vor allem durch ihren Besuch in Spanien (1758) europäische Berühmtheit. Neben den spektakulären Automaten stellten sie eine grosse Menge Pendulen mit Orgelwerken her, weiter Käfige mit Vogelautomaten.

Wie zeitgenössische Inventare zeigen, fabrizierten auch andere Neuenburger Uhrmacherfirmen solche Pendulen und Vogelkäfige und verkauften sie in alle Welt. Noch heute finden sich Neuenburger Automatenwerke dieser Epoche im Serailmuseum von Istanbul, im Palastmuseum von Peking und in vielen Sammlungen des europäischen Adels.

O
H
p
t
C
D
B
Y
T
Z
L
N
F
E
S
Q
R
G
W

Mikro-Meisterwerke: **Genfer Taschenuhren und Tabatièren**

Genf entwickelte sich im Laufe des 18. Jahrhunderts zum bedeutenden Zentrum für die Produktion von kleinen Uhren und Schmuckdosen. Diese Luxusangebote für adlige Kunden bestanden meist aus Gold und wurden mit Email, Perlen und Gravuren verziert. Auch der mechanische Teil war oft äusserst aufwendig konzipiert und wies ungewöhnliche Spezialfunktionen auf.

Von den 26 000 Einwohnern, die Genf um 1785 zählte, arbeiteten denn auch rund fünftausend in der fabrique, wie die Gesamtheit der Uhrmacher-, Goldschmiede- und Emaillistenateliers hiess. Den Verkauf übernahmen Händler in London und anderen Metropolen, die ihrerseits die Genfer Spezialitäten in die ganze Welt lieferten. Vor allem musikalische Automaten – klingende Uhren und Dosen mit bewegten Figürchen – erfreuten sich grosser Beliebtheit, und dies nicht nur in Europa. Umfangreiche Lieferungen gingen beispielsweise in die Türkei, nach Indien oder gar nach China. Die Verkleinerung der Musikwerke für den Gebrauch in Tabatièren und Taschenuhren stellte ungewöhnliche Ansprüche an die Uhrmacher. Die Glockenschalen für ein Glockenspiel beispielsweise sind nur wenige Zehntelmillimeter dick und so zerbrechlich wie Eierschalen. Das Innenleben der bloss zwanzig Millimeter langen und beweglichen Vogelkörper besteht mitunter aus mehreren Dutzenden von Einzelteilen.

So viel Aufwand konnte nur bei Objekten der höchsten Preisklasse rentieren. Bis ums Jahr 1800 musste Genf denn auch kaum Konkurrenz aus anderen Städten befürchten: nirgendwo sonst fanden sich die notwendigen Spezialisten auf so engem Raum beisammen.

Vogelautomaten zwitschern zur vollen Stunde

Seit etwa 1780 bauten Uhrmacher im Neuenburger Jura Vogelautomaten in Form von Käfigen, die jeweils zur vollen Stunde erklangen. Statt dem Stundenschlag – oder in Ergänzung dazu – hörte man das Zwitschern eines Vogels. Besonders empfänglich für dieses Angebot zeigten sich der chinesische Adel und die türkischen Paschas – von diesen Kunden stammt denn auch der Name „Haremskäfig".
Auch hier bauten die Neuenburger eine bereits bestehende Technik aus. Künstliches Vogelzwitschern kannte bereits die Antike. Es ist ja auch relativ einfach, Vogelgezwitscher zu imitieren; dazu reichen eine Pfeife und ein Wasserbecken. Das Prinzip fand später, im 16. Jahrhundert, auch im Orgelbau Anwendung; alte Orgeln kennen unter der Bezeichnung „Nachtigallenzug" entsprechende Vogelregister.
Im 18. Jahrhundert kam in Europa das Halten von Kanarienvögeln in Mode. Diese gelehrigen Vögel pfiffen ganze Melodien. Zum Abrichten wurden kleine Drehorgeln gebaut, sogenannte Serinetten. Die Klangfarbe der dabei verwendeten kleinen Zinnpfeifen wirkt überraschend natürlich. Es lag also nahe, solche Pfeifenwerke mit Zylindersteuerung in Uhren einzubauen, wo sie den Stundenschlag ergänzten.
Die nächste Entwicklung wurde eingeleitet durch die Erfindung einer Pfeife mit beweglichem Hubzapfen. Dieser erlaubte es, die Tonhöhe stufenlos zu verändern. Nun konnte man das natürliche Zwitschern noch täuschender imitieren als mit der Serinette, die auf der herkömmlichen Tonleiter aufbaute. Vogelautomaten mit Zwitscherpfeife brauchten zudem viel weniger Platz. In Genf, dem Zentrum der Kleinuhrmacherei, entstanden ab 1790 Tabatièren und andere Luxusgegenstände mit extrem kleinen Zwitschermechanismen von ausgesuchter Qualität.
Bis um 1825 baute man solche Werke vorwiegend in teure Bijouteriewaren aus Gold ein. Dann verlagerte sich die Produktion hin zu billigeren Gehäusen aus Schildpatt und Giessmasse. Parallel dazu sank die Ausführungsqualität der Mechanik; auch hier diktierte der Markt billigere Versionen. Damit hatte das zwitschernde Schmuckstück seinen Exklusivcharakter verloren. Um die Jahrhundertmitte nahmen Fabrikanten in Paris, später auch im Schwarzwald, die Produktion von billigen Vogelautomaten auf. Die hier eingebauten Werke lassen sich aber nicht mehr mit ihren Genfer Vorbildern vergleichen.

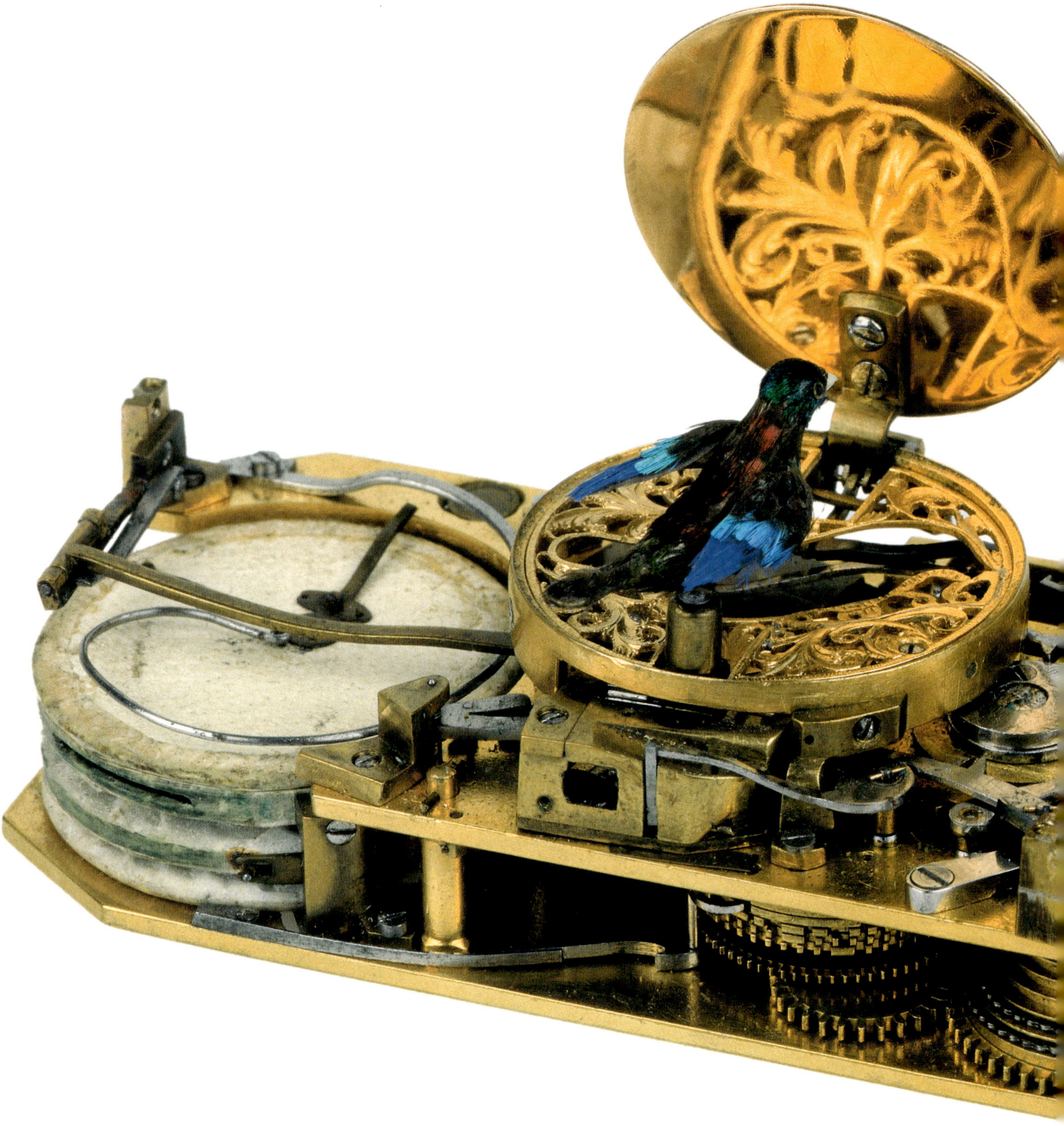

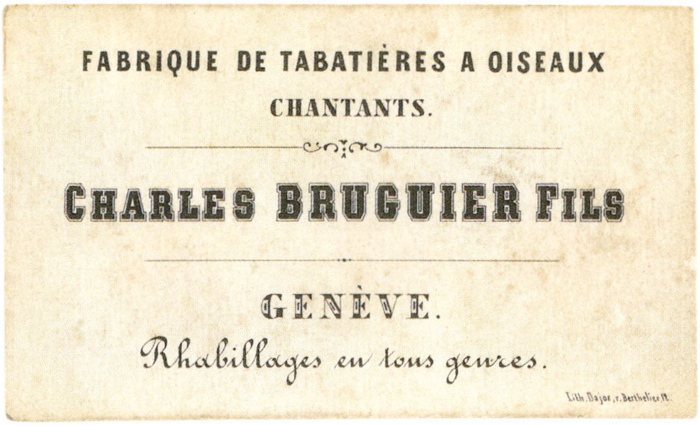
FABRIQUE DE TABATIÈRES A OISEAUX
CHANTANTS.
CHARLES BRUGUIER FILS
GENÈVE.
Rhabillages en tous genres.

Glanzlicht –
Goldener Käfig mit Vogelautomat

1 Fr.

Goldener Käfig mit Vogelautomat

Bloss 20 Zentimeter misst dieser zierliche Käfig aus Gold in der Höhe, und sein Gewicht beträgt ganze 640 Gramm. Aber von diesem gemeinschaftlichen Meisterwerk kunstsinniger Genfer Goldschmiede und Mechaniker, irgendwann um 1810 entstanden, gibt es weltweit nur ein halbes Dutzend vergleichbare Exemplare. Um so mehr erstaunt das Dunkel rund um seine Herkunft. „Erworben 1969 in London" lautet der Eintrag im Inventar von Heinrich Weiss' Sammlung. Weiter zurück führt der Besitzerstammbaum nicht, und auch bei allen anderen bekannten Käfigen dieser Art bleibt die Herkunft im dunklen: Sie tauchen an Auktionen auf, werden zu horrend hohen Preisen verkauft und verschwinden dann in einem Tresor oder kommen in die Vitrine eines Museums.
Da unser Käfig seine Kostbarkeit auf den ersten Blick verrät, wurde er in den nahezu zweihundert Jahren seines Daseins immer wohl behütet. Die Restaurierung im Seewener Atelier beschränkte sich im wesentlichen auf die Reinigung und Justierung der Mechanik. Alle Teile wurden seinerzeit so perfekt verarbeitet und eingepasst, dass das Programm auch heute noch exakt so abläuft, wie es seinen Schöpfern vor rund zweihundert Jahren vorschwebte: Der kleine Vogel im Käfig zwitschert erst auf natürliche Weise, stimmt dann eine einfache Melodie an (die ihm nicht ganz gelingt) und endet wieder so, wie ihm der Schnabel gewachsen ist.
Dieses spektakuläre Doppelprogramm *(„chant naturel et air de musique")* gehört in die erste Periode der Genfer Produktion von Vogelautomaten, also in den Zeitraum 1790 bis 1825. Nur wenige Werke wurden in dieser Epoche produziert, und unser Seewener Vogel gehört zu den Spitzenstücken seiner Zeit.
Das Gehäuse des Genfer Kleinods besteht ganz aus Gold und ist reich verziert. Vier emaillierte und gravierte Säulen mit perlenverzierten Kapitellen halten den eigentlichen Käfig – ein Meisterwerk der Filigrantechnik, aus Golddraht geschaffen! Prankenförmige Füsse tragen den achteckigen Sockel. Auch er ist emailliert – vier gemalte Medaillons mit duftigen Blumen und Früchten an den längeren Seiten, blaues und durchscheinendes Email auf graviertem Grund an den kürzeren Seiten. Eine Reihe von Perlen akzentuiert die Kanten.
Der Käfig verbirgt aber auch ein Automatenwerk mit aufwendigem Programm. Der Antrieb: ein Federmechanismus im Sockel. Betätigt man einen kleinen Schieber auf der linken Seite, bewegt sich der kolibrikleine Vogel und beginnt zu zwitschern, dies auf die oben beschriebene Weise.
Wo, wann und wie entstand dieses kleine Meisterwerk? Den einzigen Hinweis liefert eine Punze auf dem Bodenblech: „JGRC" in einem Rhombus. Die eingestanzte Handelsmarke steht für die Firma Jean-Georges Remond & Cie. aus Genf, eine reputierte Handelsfirma für Uhren und Schmuck der höchsten Preisklasse, die dieses spezielle Erkennungszeichen im Zeitraum 1800 bis 1815 verwendete. Das Automatenwerk selbst weist keine Herstellerbezeichnungen (Signatur oder Punze) auf. Das verwundert weiter nicht, da die Uhrmacher solche Werke oft im Auftrag von Händlern anfertigten, die keine fremden Namen auf ihren Bijoux duldeten.
Zur Geschichte des Käfigs ist uns ebenfalls nichts bekannt, und auch zu ähnlichen Objekten gibt es nur wenige Zeugnisse. Am ehesten passt die folgende Notiz des Genfer Händlers und Uhrmachers Jean-Frédéric Leschot, der zu Ende 1793 vom Besuch eines Nicolas-Constant Lemaire berichtet. Dieser „brachte einen kleinen Vogel mit, der überaus sorgfältig gearbeitet ist und sich in alle Richtungen bewegt und auf einer Stange sitzt".

Und wie funktioniert unser Prachtstück im einzelnen? Das Automatenwerk findet sich, wie gesehen, im Sockel des Käfigs. Alle Hebel sind poliert, auch die Messingoberflächen sind aufwendig behandelt. Die Kanten wurden sehr schön entgratet und die Aussenformen der Hebel und Platinen sauber durchgearbeitet – und dies auch dort, wo die Arbeit keinen Einfluss auf die Funktion hatte und hat.

Die Übertragungshebel für die Vogelbewegungen finden Platz in zwei Säulen und in der Stange. Die ganze Mechanik lässt sich problemlos ausbauen und justieren. Der Vogelkörper ist etwa 35 Millimeter lang und sehr gut erhalten, das Gefieder in verschiedenen Farben ausgeführt. Der kleine Zwitscherer ist ungemein filigran gearbeitet; seine Augen weisen um eine dunkle Glasperle herum einen Rand aus geprägter Goldfolie auf. Er sitzt auf einer emaillierten Birne mit Laubzweig; diese Verzierungen verdecken das Gestänge.

Und wie steuert man das Automatenwerk im Sockel an? Eine Pfeife mit beweglichem Hubzapfen wird durch einen Blasbalg mit Luft versorgt. Eine Serie von Nocken- und Stufenscheiben steuert den Ton. Beim Zwitschern gleitet die Tonhöhe frei, beim Lied werden definierte Tonhöhen gepfiffen. Auch das Öffnen des Schnabels und das Wippen des Schwanzes sind mit der Ansteuerung der Pfeife verbunden. Wenn das Luftventil einschaltet und somit die Pfeife ertönt, öffnet sich auch der Schnabel; gleichzeitig wippt der Schwanz.

Zwei weitere Nockenscheiben steuern das Schlagen der Flügel und das Drehen des Körpers. Das Werk enthält ausserdem einige ungewöhnliche Finessen – so ein Differentialgetriebe zur Steuerung des Programmablaufs und eine ungemein feine Konstruktion für den Starthebel, die eine hohe Funktionssicherheit garantiert.

ont sans s'en appercevoir, consommé davantage que lors que bornés au strict nécessaire ils font attention pour ainsi dire à chacun de leurs morceaux.

2.° que le prix de 18.s pour la farine de pommes de terre est certainement plus haut de beaucoup qu'elle ne reviendroit dans une fabrication en grand.

Les Commissaires ont fait essayer une seconde fournée de six livres seulement de farine savoir 3 de froment & 3 de pommes de terre pour que la Société put juger de la qualité de ce pain est pour en envoyer à Paris les échantillons dont on a décidé précédemment l'envoi; ils mettent un pain de cette dernière fournée sous les yeux de la Société ainsi qu'un échantillon de la farine qui a été employée.

Pictet. pour la Commission.

Rapport du 7.e Mars 1796.

Sur le Carillon sans timbres de M.r Favre.

La Comission chargée d'examiner la pièce de Mécanique mise sous les yeux de la Société pour l'avancement des Arts par Mons.r Favre.

Savoir un Carillon sans timbres jouant deux airs & imitant le son de la Mandoline, renfermé dans le dessus d'une tabatière de grandeur ordinaire; a vu dans cette invention une idée nouvelle & très ingénieuse.

Les pièces sonores qui remplacent les timbres sont très faciles à disposer & à accorder; elles sont à l'abri des fractures qui rendent les carillons à timbres si casuels. La nature du son qu'elles rendent étant moins susceptible de vibrations prolongées suprime l'inconvénient des timbres dont l'effet est confus lors que

Erfindung mit Zukunft: **die vibrierende Stahllamelle**

1796 baute der Genfer Uhrmacher Antoine Favre-Salomon (1734 bis 1820) ein Musikwerk mit völlig neuartigem Klangprinzip. Der Sekretär der Genfer Société des Arts bezeichnete es in seinem Rapport (siehe nebenstehende Abbildung) als „Glockenspiel ohne Glocken und Hämmer". Favres Idee bestand darin, Stahlfedern mechanisch anzuzupfen und sie schwingen zu lassen. Bei geeignetem Querschnitt und angemessener Länge tönen diese Federn recht klar. Eine Reihe solcher Klangfedern kann, entsprechend gestimmt, ein Musikstück wiedergeben.
Favres Erfindung kam indes zu einem denkbar ungünstigen Zeitpunkt. Die Wirren der Revolutionskriege, die Annexion von Genf durch die Franzosen im Jahr 1798, die Kontinentalsperre und die Unterbindung des Handels mit England, dem wichtigsten Abnehmer der Genfer Luxusprodukte – all dies führte zu einer mehrjährigen Krise der Genfer Schmuck- und Uhrenindustrie.

Favre selbst zählte zum Zeitpunkt seiner Erfindung schon 62 Jahre. In der Folgezeit versuchte er zwar, seine Neuschöpfung zu verwerten, hatte damit aber wenig Glück. Einerseits blieb ihm neben seiner täglichen Erwerbstätigkeit kaum Zeit für die Arbeit an seinem neuen Musikwerk, anderseits liess sein Sehvermögen nach. Für Uhrmacher war dies eine häufige Alterserscheinung, denn die Lichtverhältnisse am Arbeitsplatz liessen meist zu wünschen übrig. So konnte man schon 1831 über den glücklosen Tüftler lesen: „Dieser ehrenwerte Bürger zog keinen anderen Vorteil aus seiner Erfindung, als dass er seinen Mitbürgern und Kollegen neue Mittel zur Ausbreitung ihrer Industrie schuf."
Kurz nach 1800 musste Favre seine Berufstätigkeit aufgeben. Er starb, offenbar in bescheidenen Verhältnissen, im Jahr 1820. Keines seiner Werke hat überlebt, noch existiert ein Bildnis von ihm. Nur der Rapport der Société des Arts gibt uns ein Zeugnis von seiner Leistung.

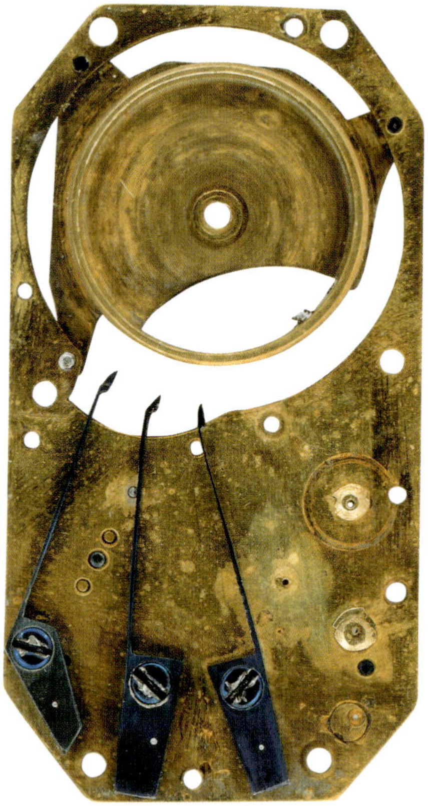

Erste Musikwerke **mit Lamellentönen**

Um 1800 war Genf, wie gesehen, das Zentrum für kleine Luxusuhren und Schmuckstücke – begreiflich, dass Favres Erfindung zur Konstruktion extrem kleiner Musikwerke auf grosses Interesse stiess. Sobald die wirtschaftlichen Verhältnisse es gestatteten, entstanden erste Schmuckstücke mit kleinen Musikwerken nach Favres Idee.

„Ich habe in meinem Atelier zwei mechanische Ringe mit sich bewegendem Bild", meldete der schon erwähnte Jean-Frédéric Leschot am 22. Februar 1802 einem Kunden nach London. „Eingedenk der Kleinheit dieses Stücks ist der Ton sehr deutlich. Es ist eine völlig neue Art von Arbeit, es wurde bisher noch nichts dergleichen gemacht." Hersteller dieser aussergewöhnlichen Fingerringe war Isaac-Daniel Piguet (1775 bis 1841) – ein Genfer Uhrmacher, der nicht nur an Leschot lieferte, sondern spätestens seit diesem Jahr zusammen mit seinem Schwager Henri Capt auch auf eigene Rechnung arbeitete.

Vom Team Piguet & Capt präsentiert die Seewener Ausstellung gleich drei Objekte – unter ihnen das älteste bis heute bekannte Musikwerk mit Lamellentönen!

Die neuartigen klingenden Bijoux machten Furore. Bis um 1820 entstand in Genf eine grosse Zahl luxuriöser Schmuckstücke und Uhren mit Musikwerken nach Favres Prinzip. In den ersten Jahren kamen vor allem spektakuläre Objekte der höchsten Preisklasse auf den Markt: ausgefallene Anhängeuhren, Messer mit Klappklingen und Musikwerk im Heft, Operngucker, Fächer, Parfumzerstäuber, Riechdöschen – alles mit Musik. Der Fantasie waren keine Grenzen gesetzt. Nach 1813 (Ende der Besetzung Genfs durch die Franzosen) wurden auch einfachere Stücke wie Taschenuhren, Berlocken und Uhrenschlüssel produziert.

Bei allen diesen Angeboten spielte das Musikwerk keineswegs die Hauptrolle – es galt eher als Zusatz. Entsprechend bescheiden bleibt die klangliche Qualität. Die kleinen Kunstwerke enthalten meist nur wenige Tonlamellen, was die musikalischen Möglichkeiten drastisch einschränkt. Auch kann sich bei den Goldgehäusen der Klang nicht entfalten – ein weiterer Grund dafür, dass die Produktion von Schmuckstücken und Uhren mit Musikwerken um 1825 aufgegeben wurde.

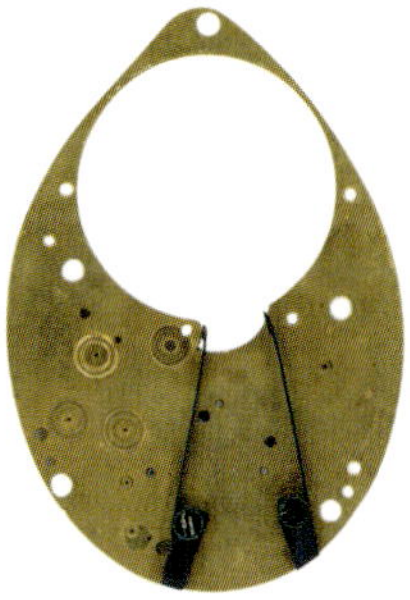

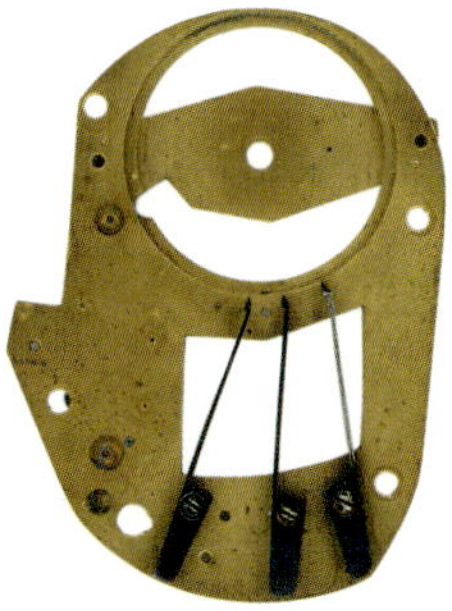

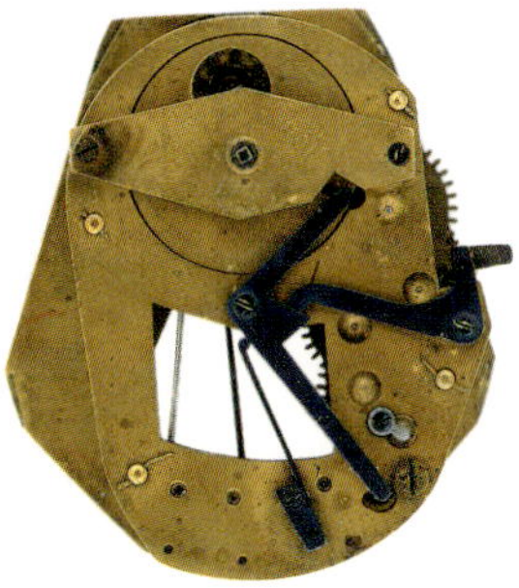

696
EM

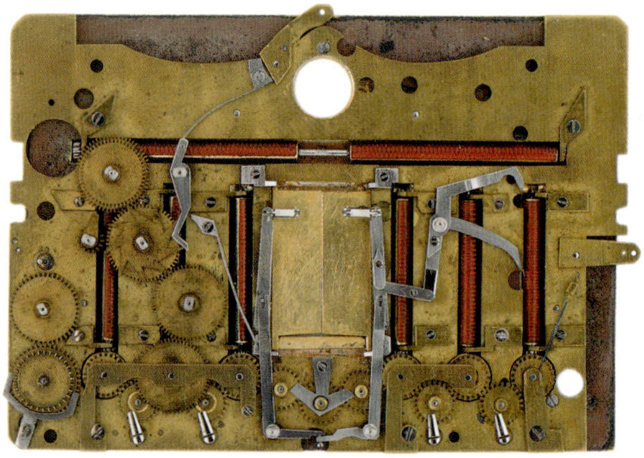

Schnupftabak oder Zahnstocher
aus der klingenden Dose

Schmuckdosen aus edlen Materialien waren zur Zeit Favres bei einer reichen Käuferschicht sehr beliebt. Im schmucken Döschen aus Genf bewahrte der Mann von Welt seinen Schnupftabak auf. Für die Damen gab es Döschen fürs Riechsalz, für die Schönheitspflästerchen oder ganz prosaisch… für den elfenbeinernen Zahnstocher.
In besonders luxuriöse Einzelexemplare bauten die Genfer Spezialisten Uhren oder kleine Figurenautomaten ein, andere verzierten sie mit aufwendigen Gravuren oder Emailmalereien. Es lag also nahe, auch Musikwerke mit den eben perfektionierten Tonlamellen einzubauen. Die handlichen Tabakdosen boten für solche Musikwerke recht viel Platz. Manche beherbergten 60 oder 70 Tonlamellen und spielten mehrere Melodien. Damit stieg das musikalische Niveau: Das Werk meisterte auch anspruchsvollere Kompositionen. Die goldenen oder silbernen Gehäuse erlaubten allerdings nur wenig Klangfülle. Erst Dosen aus Holz oder Schildpatt brachten eine vollere Klangwirkung. Sie waren zudem billiger als Edelmetalldosen, was den Absatz kräftig ansteigen liess. Um 1820 wuchs die Produktion von Musikwerken im Tabatièren-Format in Genf und anderswo stetig an.
Denn die Genfer Spezialisten erhielten um diese Zeit Konkurrenz durch ihre Kollegen von Sainte-Croix (VD) und im Vallée de Joux. Die beginnende Massenproduktion wirkte sich freilich auf die Qualität aus. Viele Werke der Folgejahre waren unsorgfältig gearbeitet und befriedigten weder klanglich noch musikalisch.
Dass die Musik-Tabatièren nicht nur Begeisterung auslösten, belegt eine Stelle aus Theodor Fontanes Roman „Vor dem Sturm“. Sie schildert den Kammerherrn von Medewitz, einen grossen Sammler von Tabatièren:
„Er begnügte sich aber nicht mit der ‚stillen Dose‘, er war vor allem auch ein leidenschaftlicher Verehrer jener damals auf der Höhe ihres Ruhmes stehenden, in Gold und Schildpatt ausgeführten Miniaturleierkästen, die unter dem Namen der Spieldosen ihre Reise um die Welt gemacht haben. Solche mit Musik geladene Überfallwerkzeuge führte von Medewitz beständig bei sich, und mit ihnen war es, dass er seine gesellschaftlichen Attentate verübte (…) Unfähig, aus eigenen Mitteln zur Gesellschaft beizusteuern, wachte er eifersüchtig über allem, was durch Wissen oder Darstellungsgabe sich auszeichnete, und wenn vielleicht der glänzend aufgebaute Satz eines guten Sprechers eben seinen Abschluss erhalten sollte, durfte man sicher sein, aus blosser Neidteufelei eine Papagenoarie oder die ‚Schlacht bei Marengo‘ dazwischentreten zu sehen.“

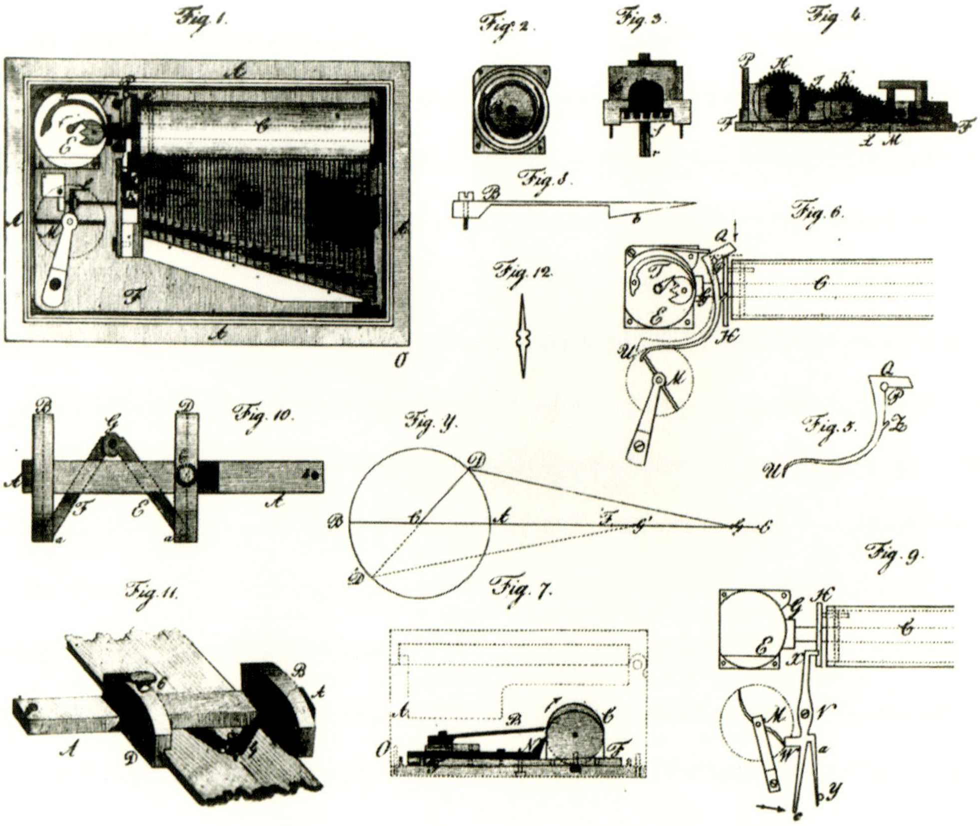

Fig. 1.
Fig. 2.
Fig. 3.
Fig. 4.
Fig. 5.
Fig. 6.
Fig. 7.
Fig. 9.
Fig. 10.
Fig. 11.
Fig. 12.

130

Die Geburt der Musikdose

Aus den Schmuckdosen entwickelten sich ab 1815 immer grössere Objekte mit Lamellen-Musikwerken. Den Beginn machten Untersätze für Uhren, die alle Stunden das Musikwerk auslösten. Die Nase vorn hatten diesmal aber nicht die Genfer, sondern die Waadtländer und Neuenburger Uhrmacher. In diesen Gegenden hatte sich die Produktion grösserer Uhrwerke etabliert, und die Herstellung der starken Antriebswerke für grössere Musikwerke war den Genfern nicht vertraut. So findet sich 1823 der folgende stolze Satz in einem Neuenburger Bericht:
„Man macht in La Chaux-de-Fonds viele grosse Musikwerke mit Lamellen als Begleitung für Pendulen. Diese Objekte sind in Italien und anderen Ländern sehr beliebt. Geiser Frères und Charles-Frédéric Nardin sind die wichtigsten Produzenten. Vor allem die Produkte des letzteren sind besser als die Musikwerke aus Genf, die meistenteils schlecht gearbeitet sind."
Schliesslich waren es aber doch die Genfer, die einige neu auftretende ärgerliche Detailprobleme lösten. So haben grössere Musikwerke auch einen grösseren Tonumfang; die Erweiterung erfolgt nach unten zu den Bässen hin. Die Basslamellen sind länger und schwerer, damit sie auch langsamer schwingen – ein heikler Punkt, denn beim Anheben der Lamelle durch den Stift auf dem Zylinder vibrieren die Basslamellen oft noch vom letzten Kontakt her. Bei der neuerlichen Berührung ergibt das einen unschön schnarrenden Ton. Die Lösung: Man montiert auf der Unterseite der Basslamellen eine kleine Stahlfeder, welche die Schwingung abdämpft. Diese Erfindung wird allgemein dem Genfer François Nicole zugeschrieben und auf die Zeit um 1822 datiert.
Das zweite Problem lag beim Stiftzylinder. Dieser besteht aus einer Röhre aus Messingblech. Vergrössert man sie, neigt sie ebenfalls zum Mitschwingen; entsprechend blechern tönt die Musikdose. Auch hier fand sich Abhilfe: Man goss den Zylinder mit einer Mischung aus Sand und Baumharz aus, was seine Eigenschwingungen dämpfte.
Schliesslich wurde auch die Tonquelle verbessert. Anstelle von einzelnen Lamellen entwickelte der Schmied François Lecoultre aus Le Brassus (VD) die Herstellung ganzer Tonkämme aus einem Stück. Damit standen in den frühen 1820er Jahren alle Elemente zur Verfügung, die es zur Herstellung von grossen Musikdosen mit reichhaltigem Repertoire brauchte.

Geneve. délivré le 30 Decre
1813

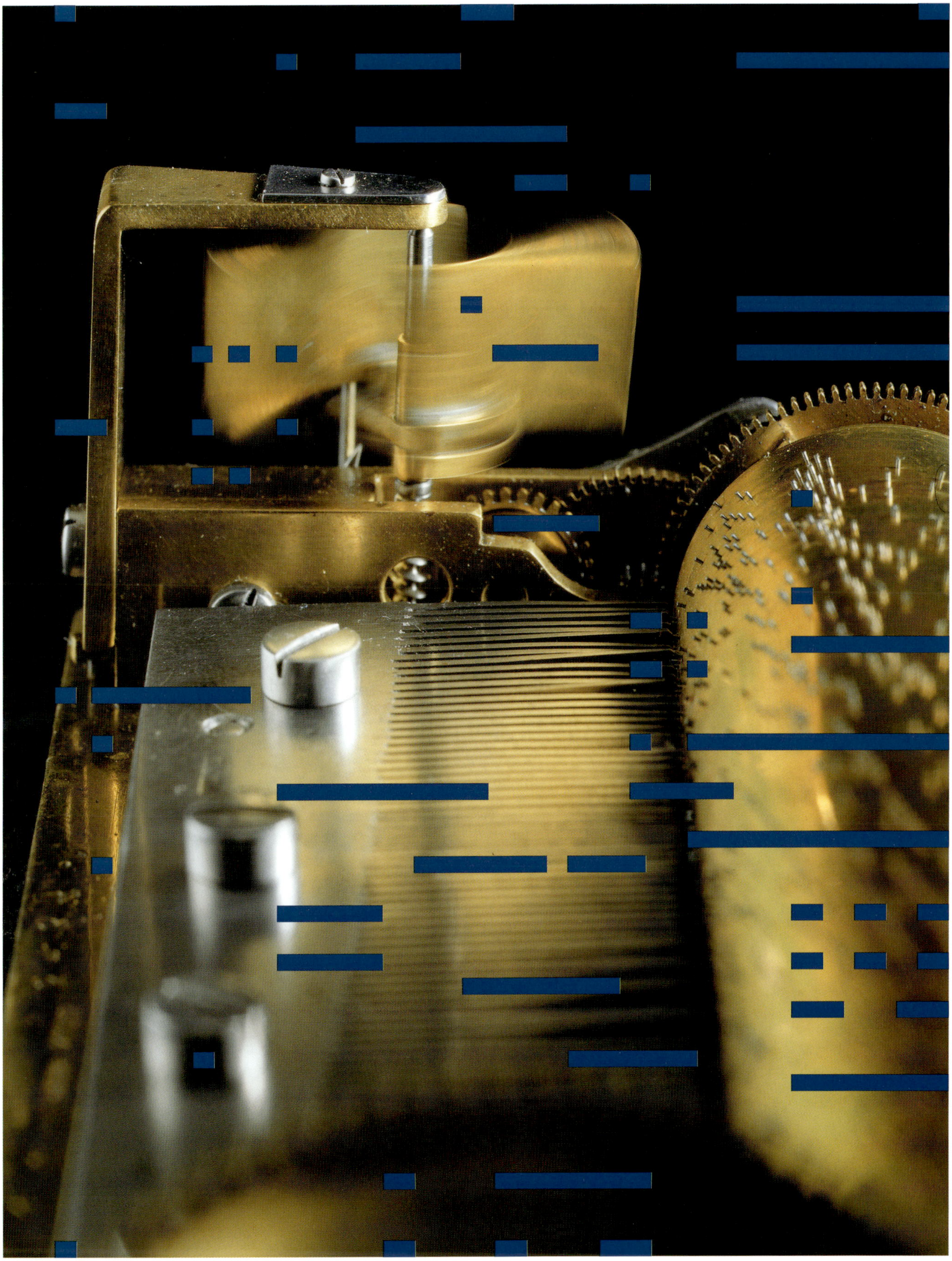

Glanzlicht – **Prunkuhr in Vasenform mit Musikwerk und Vogelautomat**

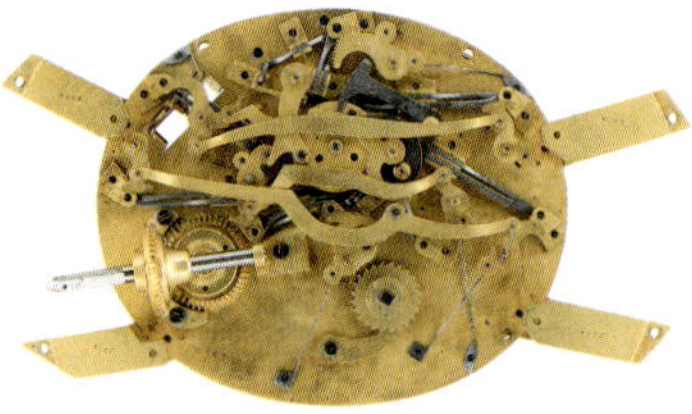

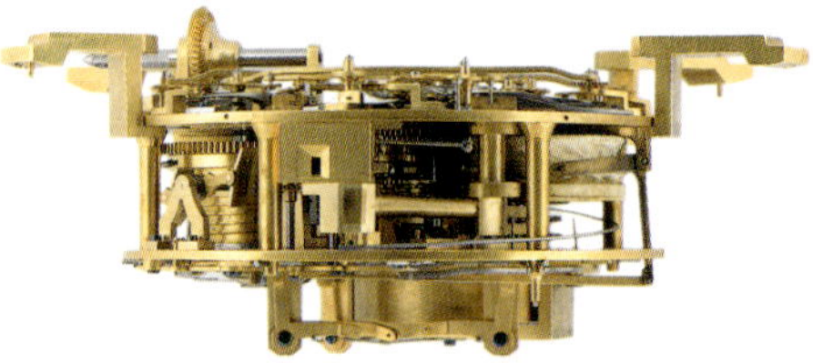

Prunkuhr in Vasenform
mit Musikwerk und Vogelautomat

Die rund meterhohe Prunkuhr bestricht zunächst durch ihr Äusseres: Auf einem Holzsockel mit eingebautem Musikwerk steht ein Bronzegehäuse in Form einer Vase. In deren Unterteil befindet sich die Uhr; die eigentliche Vase enthält ein Bukett aus Seidenblumen. Darin sitzen acht winzige Vögel, die ein Automatenwerk im Vasenkörper bewegt. Die Uhr löst alle Stunden die beiden Automatenwerke aus: zuerst spielt das Musikwerk, dann zeigen die Vögel ihre Künste. Umfangreiche Aufgaben hat das Programm des Vogelautomaten zu lösen. Es finden sich drei verschieden grosse Vogelsorten, die in Anordnung und Bewegungsablauf ein eigentliches Familienidyll verkörpern. In zentraler Position sitzt der „Vater", der grösste der Vögel. Das Gezwitscher ist ihm zugeordnet, bewegt er doch den Schnabel synchron zu den Tönen. Leicht zurückgesetzt und etwas kleiner, dafür an höchster Stelle, sitzt stumm die „Mutter" und schaut aufmerksam nach den sechs „Kindern", die links und rechts in den Blumen herumflattern und sich drehen und wenden. Das Ganze illustriert auf spielerische Weise Heinrich Pestalozzis Formulierung „Vaterkraft und Mutterauge" – ein biedermeierliches Familienidyll!
Der 1826 entstandene Automat stammt aus dem Genfer Haus Frères Rochat. Verkauft wurde er durch die Händler Bautte et Moynier, eine renommierte Genfer Firma. Nun geniessen Objekte der Frères Rochat allgemein einen hohen Ruf. Viele ausgefallene Erzeugnisse der höchsten Preisklasse – allesamt mit Vogelautomat – stammen aus ihrer Werkstatt. Davon zeugt ein erstaunlicher Text im Rapport über die Genfer Industrieausstellung von 1828:
„An der Ausstellung bemerkt man mit Freude eine Blumenvase in Medici-Form, welche in sich alle Abteilungen der ‚fabrique' repräsentiert: Der Sockel ist ein Beispiel der Tischlerei, der Vasenkörper steht für die Goldschmiedekunst, die Uhr (mit Achttagewerk) und die Mechanik der sich bewegenden und zwitschernden Vögel im Bukett sind Zeugnis der Uhrmacherkunst, die Gravuren, Ziselierungen und Vergoldungen schliesslich lieferte die Bijouterie. Alle diese verschiedenen Teile wurden von den besten Handwerkern unter der Leitung von M. Ruegger meisterhaft gefertigt. Solche Arbeiten, welche die Zusammenarbeit verschiedener Berufsleute erfordern, bieten ohne Zweifel grosse Schwierigkeiten, aber es lohnt sich, unsere Fabrikanten auf sie aufmerksam zu machen, denn im Fall, dass sie Erfolg haben, sind sie von anderen Städten schwieriger zu kopieren, da sich dort nicht die Vielzahl der verschiedenen Berufe findet wie bei uns."
Diese Beschreibung passt erstaunlich auf unsere Prunkuhr; sie unterstreicht zudem, dass solche Objekte schon damals zu den Spitzenerzeugnissen der Genfer Uhrmacher gezählt wurden.

Als eigentliches Kernstück unseres Automaten kann das Vogelwerk im oberen Teil der Vase gelten – das Blumenbukett mit den acht Vogelfiguren und der Antriebsmechanik. Wie funktioniert sie?
Die Vögel im Bukett, leicht schräg in Röhrchen gesteckt, werden von unten her angesteuert. Je nach Bewegungsvielfalt wird ein zentraler Stift von zwei oder drei beweglichen Hülsen unterstützt; durch Heben oder Senken bei gleichzeitiger Drehung wird das Flattern und Drehen der Vogelkörper ausgelöst. Entsprechend meisterhaft ist das Automatenwerk verarbeitet – also Antrieb, Steuerung und Tonerzeugung. Alle Stahlteile sind sorgfältig poliert und bis ins letzte Detail hinein schön durchgestaltet. Dieser ganze Aufwand erschliesst sich freilich nur demjenigen, der das Werk öffnet und es revidiert. Auch die Frères Rochat haben ihre Signatur zuunterst im Sockel versteckt; sie lässt sich erst nach vollständiger Demontage des Automaten lesen.

Glanzlicht –

Der Tempelautomat von Seewen

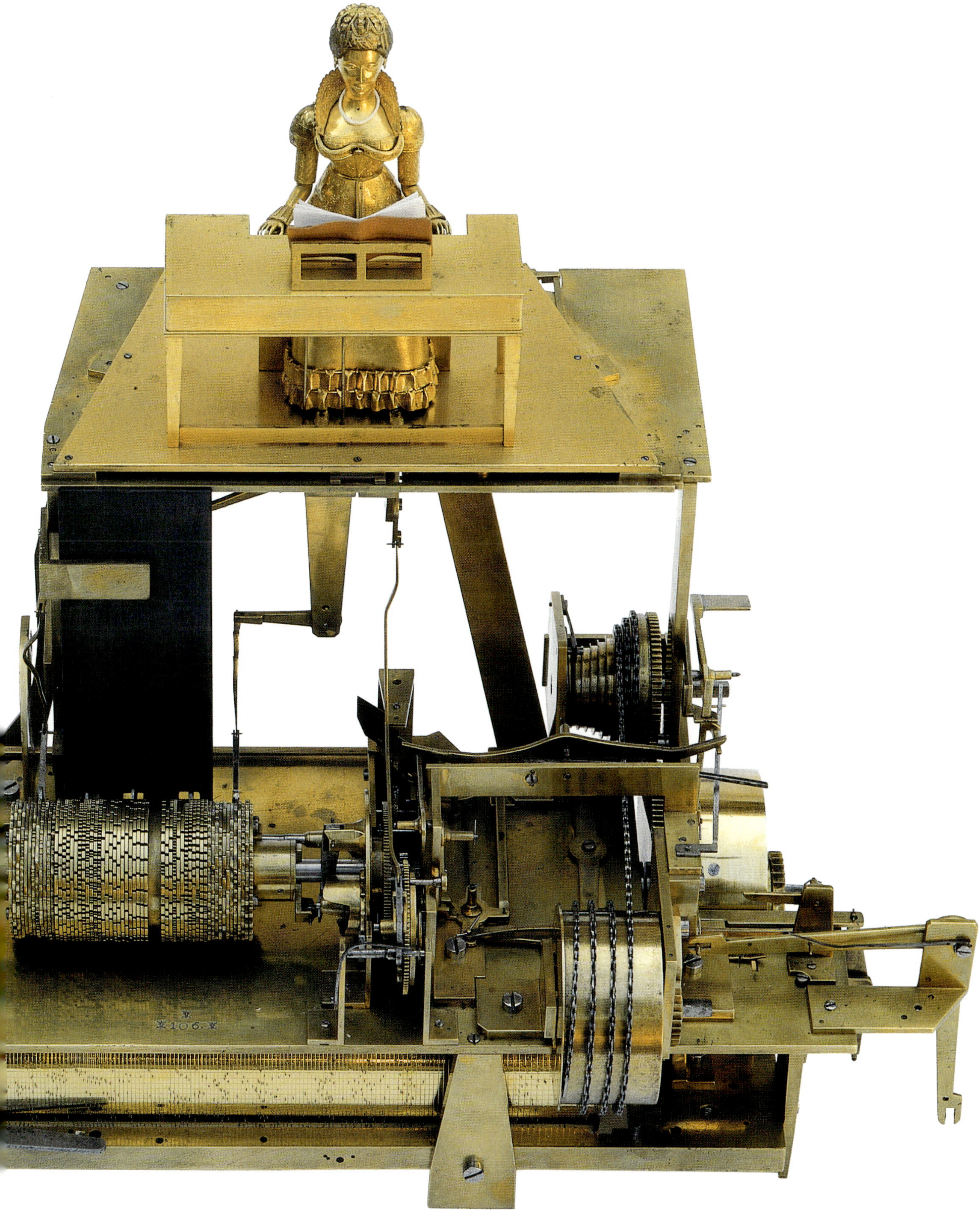
106.

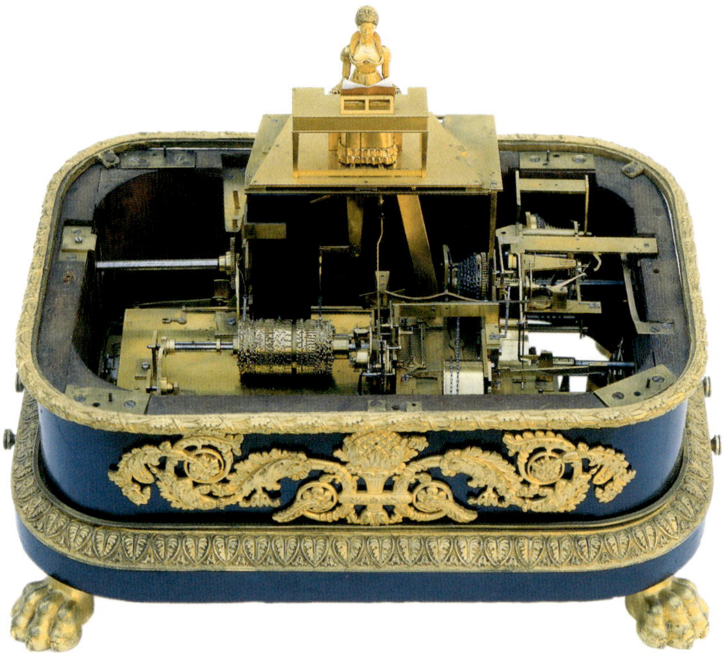

Der Tempelautomat von Seewen

Von aussen gibt der mächtige, 75 Zentimeter hohe Seewener Tempelautomat (so benannt nach seinem heutigen Aufbewahrungsort) seine Geheimnisse nicht preis. Die verschlossenen Türen lassen nicht ahnen, was sich alles hinter ihnen verbirgt.

Jeweils zur vollen Stunde läuft ein zierliches Schauspiel ab: Nach dem Stundenschlag der Uhr im Giebel öffnen sich zunächst die Tempeltore. Es wird eine winzige Frauenfigur sichtbar, die an einem Klavier sitzt. Aus dem Sockel ertönt Musik, zu der sich die Figur bewegt. Das scheint nicht sehr spektakulär, fasziniert jedoch beim genauen Hinschauen, denn die Spielerin bewegt sich korrekt zur sehr komplexen Musik. Ihre beiden Hände folgen dem Arrangement der Melodien (Themen aus Opern von Rossini und Mozart) mit den entsprechenden Bewegungen: Wenn die Bassbegleitung aussetzt, hält die linke Hand inne, wenn ein Ostinato im Diskant ertönt, scheint die rechte Hand die schnellen Wiederholungen auszuführen. Dazu wippt der Fuss der Spielerin im Takt. Bei einem Taktwechsel wird der neue Takt angezählt und dann gleichmässig weiter markiert. Der Kopf der Pianistin bewegt sich langsam von links nach rechts und gleitet dann schnell zurück: Die Musikerin liest die Noten vom Blatt.

Direkt wahrnehmen lassen sich nur die Bewegungen des Kopfes und des Fusses; der Einblick in die Tastatur ergibt sich erst über die Spiegelwände hinter der Musikerin. Nach der letzten Note schliessen sich die Tempeltore wieder. Nun öffnen sich in den beiden Säulen kleine Tore; zwei winzige Vögel zwitschern im Duett und bewegen sich dazu. Zum Schluss der Vorstellung gehen auch diese Tore zu.

Die Vielfalt und Genauigkeit dieses Bewegungs- und Musikprogramms bedingt einen hohen technischen Aufwand. Der Tempelautomat von Seewen besitzt denn auch ein ungewöhnlich kompliziertes Innenleben mit Hunderten von Hebeln und Kurvenscheiben. Hergestellt wurde er zwischen 1830 und 1840 in Genf. Das Musikwerk stammt von François Nicole, einem der besten Musikwerkehersteller seiner Zeit; die anderen Teile konstruierten vermutlich Louis Rochat und sein Sohn François.

Eine äusserlich ähnliche Prunkuhr von Louis Rochat wurde im letzten Jahrhundert nach Peking in die kaiserlichen Sammlungen geliefert, wo sie sich noch heute befindet. 1829 beschrieb ein Artikel im „Journal de Genève" das Meisterwerk wie folgt: „Die Pendule hat die Form eines Säulentempels. Im Giebel findet sich die Uhr. Zwischen den Säulen ist die Türe, welche sich öffnet, während ein Musikwerk spielt. Dahinter wird ein Zauberer sichtbar, der an seinem Tisch sitzt. Er bewegt seinen Kopf, seine Augen und seine Lippen so natürlich, dass man meint, er atme. Wenn die Musik fertig gespielt hat, beginnt er, mit seinen Bechern zu spielen und er endet, indem er einen Kolibri hervorzaubert, der zu zwitschern beginnt. Wenn auch dies vorbei ist, schliesst sich die Türe wieder. (...) Dieses schöne Objekt hat dreieinhalb Jahre Arbeit gekostet und besteht aus über 2800 Teilen."

Den Kern der Seewener Tempeluhr bildet das Musikwerk mit dem aufgesetzten Figurenautomaten. Die Steuerung der Pianistin, zusammen mit dem Tormotor im Sockel eingebaut, erfolgt durch gesamthaft 63 Nocken-/Stufenscheiben. Gesteuert werden sechs Bewegungen:

- rechte Hand seitlich
- rechte Hand auf und ab
- Wippen eines Fusses
- linke Hand auf und ab
- linke Hand seitlich
- Drehung des Kopfs.

Das Vogelduett hingegen wird von einem Werk auf der Bodenplatte des Tempels aus gesteuert. Eine erste Platine trägt in der üblichen Art einen Federmotor mit Windfang und Auslösemechanismus sowie die Lufterzeugung durch einen Blasbalg. Ein Paket mit je vier Stufen- und Nockenscheiben steuert das akustische Programm. Eine zweite Platine (querliegend) trägt in der Mitte ein grosses Nockenscheibenpaket. Dieses steuert die Bewegungen. Alle Hebel sind auf möglichst grosse Leichtigkeit hin gearbeitet, was die Trägheit so gering wie möglich hält. Den beiden Vögeln, seitlich auf hohen Stangen befestigt, ist je eine eigene Pfeife zugeordnet, die sich am Fuss der Stange befindet. Das ermöglicht ein regelrechtes Pfeifduett: bald pfeift der Vogel links, bald derjenige rechts; der Ton tritt jeweils auf der entsprechenden Seite aus.

Leider hat sich auch zur Geschichte dieses technischen Wunderwerks kaum etwas eruieren lassen. Es wurde 1990 vom Musikautomaten-Museum Seewen aus englischem Privatbesitz angekauft. Laut Angaben des Verkäufers stand der Automat früher im indischen Hyderabat – Nachfragen an Ort führten aber nicht weiter.

A. SCHMID PHOT.
YVERDON.

Aufstieg und Fall einer Industrie

Musikwerke mit Lamellentönen wurden aber nur ausnahmsweise in kostbare Prestigeuhren vom Typ Tempelautomat eingebaut. Den Grossteil der Produktion bildeten relativ bescheidene Holzschatullen, die von der Westschweiz aus in die ganze Welt gelangten. In der ersten Hälfte des 19. Jahrhunderts trugen diese klingenden Dosen die Bezeichnung *Musique de Genève,* später hiessen sie bloss noch *Boîte à musique.*

Musikdosen entwickelten sich zu einer Schweizer Spezialität. In Genf, später auch in Sainte-Croix (VD) und im aargauischen Wynental wurden jedes Jahr Zehntausende von Musikdosen aller Art produziert. Die Palette reichte von der einfachen Souvenirdose aus Blech bis zum luxuriösen Möbel mit Wechselzylindern und Zusatzklang von Glocken und Trommeln oder zum mechanisch betriebenen Harmonium, das beinahe die Grösse seiner Vorbilder erreichte.

In den Boomjahren zwischen 1880 und 1900 exportierte die Schweiz jedes Jahr Musikwerke für etwa drei Millionen Franken. Der Grossteil der Produktion ging in den Export, namentlich in die USA, England und Frankreich. Aber auch exotische Märkte wie China, Indien und Südamerika wurden erschlossen. Das Musikrepertoire richtete sich nach den Kunden; es finden sich populäre Melodien der USA oder schottische Klänge, selbst chinesische Weisen. Wie der Verkaufserfolg zeigt, traf man den Geschmack der Abnehmer recht genau.

Für die Schweizer Volkswirtschaft im Ganzen hatte die Produktion von Musikdosen keine grosse Bedeutung. Selbst im Rekordjahr 1887 machten mechanische Musikgeräte wertmässig nur ein halbes Prozent aller Exporte aus. Die kleinen Zentren der Herstellung, vor allem Sainte-Croix, hingen jedoch stark vom Musikdosengeschäft ab. Schwankungen im Absatz wirkten sich hier sofort auf die Beschäftigungslage aus; zu ihren besten Zeiten zählte die klingende Industrie immerhin um die zweitausend Beschäftigte.

Um 1900 liess das Aufkommen des Grammophons die Musikdose zur Bedeutungslosigkeit absinken. Einzig die Produktion von kleinen Musikwerken zum Einbau in Spielzeugwaren und Souvenirs hat bis heute überlebt. Bedeutende Unternehmen wie Mermod in Sainte-Croix mussten den Betrieb einstellen. Andere Fabriken sattelten auf neue Produkte um: Paillard und Thorens auf Grammophone, die in der Deutschschweiz führende Firma Karrer (heute KWC) in Teufenthal auf Sanitärarmaturen.

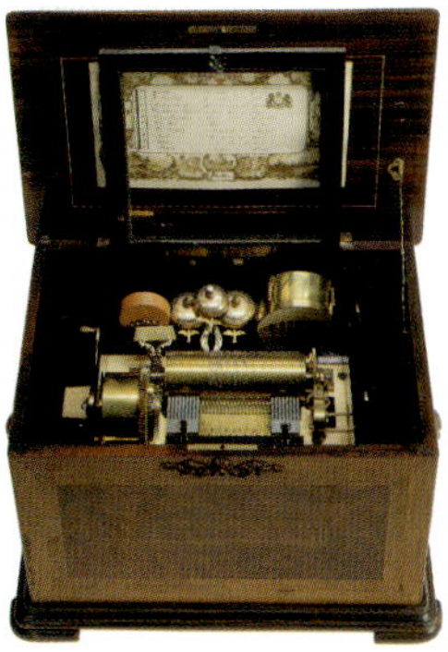

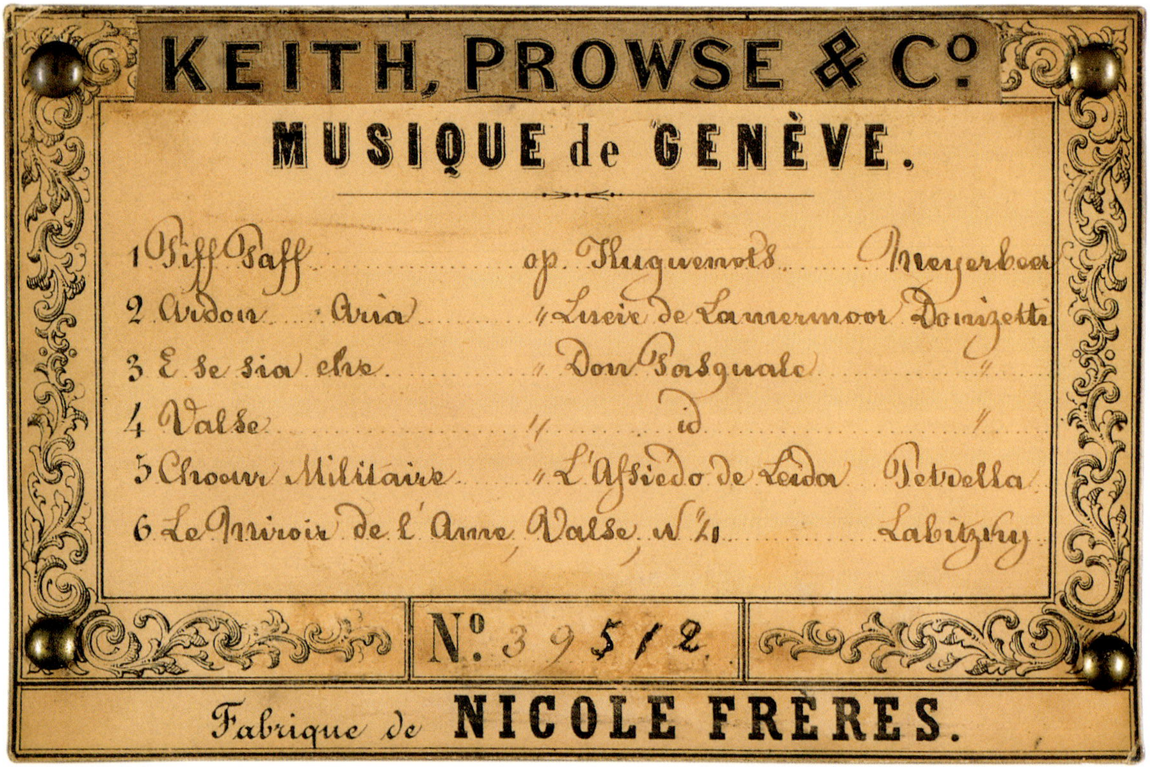

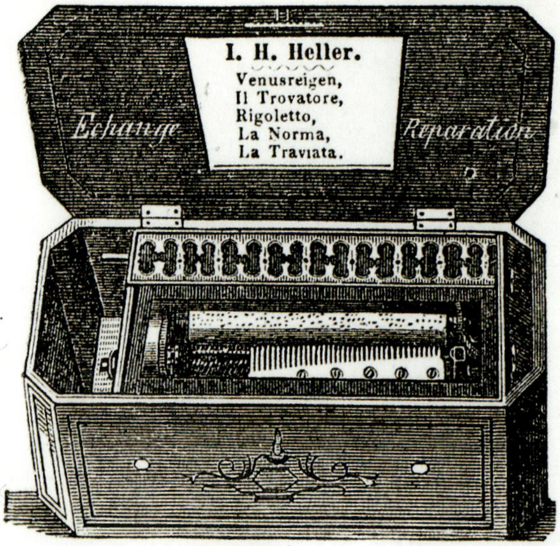

Spielwerke

mit 4 bis 48 Stücken, worunter Prachtwerke mit Glockenspiel, Trommel und Glockenspiel, mit Himmelsstimmen, mit Mandolinen, mit Expression ꝛc.; ferner:

Spieldosen

mit 2 bis 12 Stücken, worunter welche mit Necessaires, Cigarrentempel, Schweizerhäuschen, Photographie-Albums, Schreibzeuge, Cigarrenetuis, Tabaksdosen, Nähtischchen, tanzende Puppen, alles mit Musik. Stets das Neueste empfiehlt

J. H. Heller in **Bern**. Franko.

☞ Diese Werke, die mit ihren lieblichen Tönen jedes Gemüth erheitern, sollten in keinem Salon, und an keinem Krankenbette fehlen. Lager von fertigen Stücken. — Reperaturen. 372

MERMOD FRÈRES

Illustrirter Catalog
der
Fabrik
von
Musikwerken
aller Arten
GESETZLICH GESCHÜTZT
JULIUS CUENDET
AUBERSON
(Schweiz)
Filiale in
New-York 21 John Street
ETABLISSEMENT GEGRÜNDET I.J. 1828

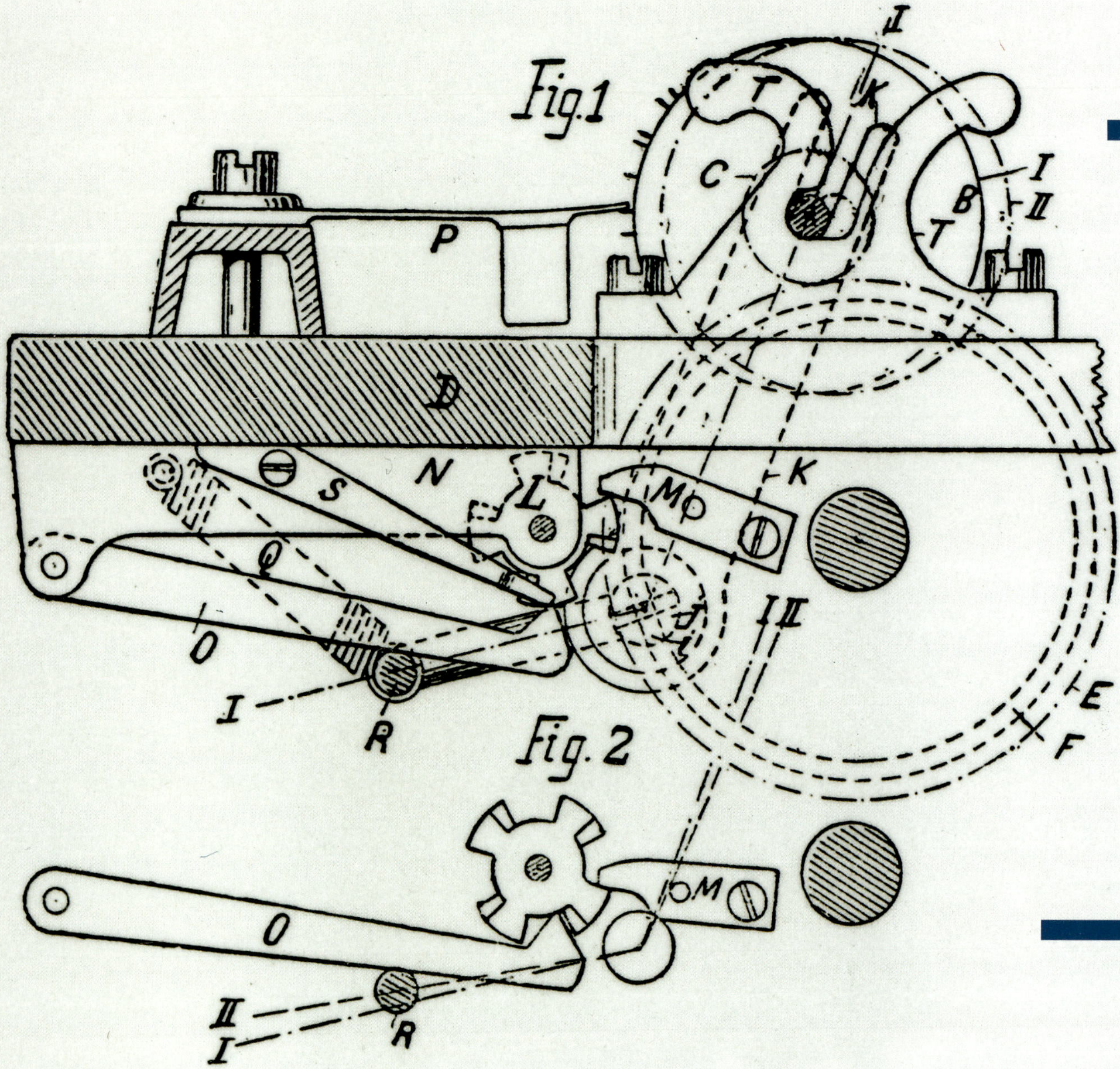
Fig. 1
Fig. 2
P
D
N
S
L
M
K
Q
O
R
C
B
T
E
F
I
II

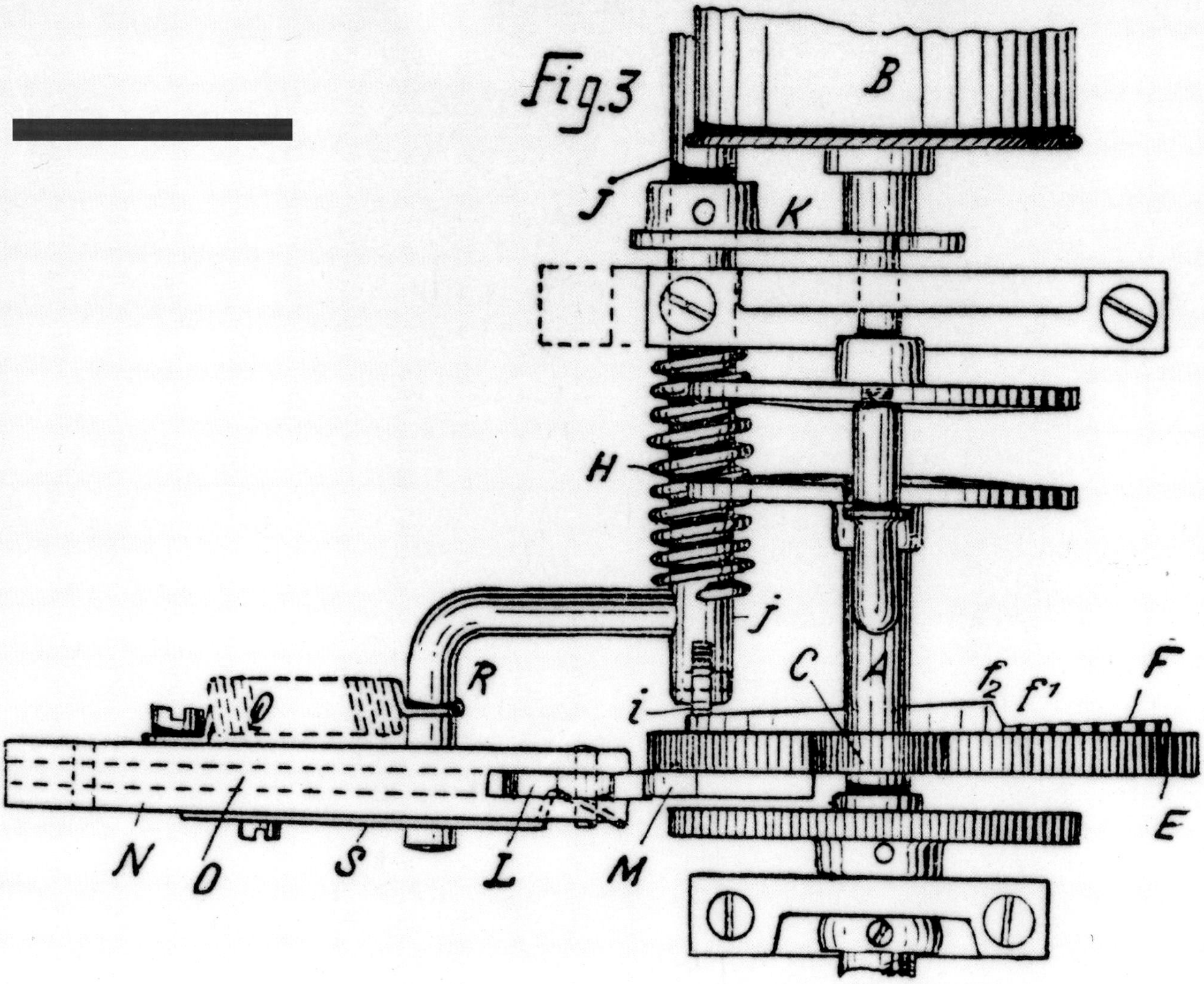

Glanzlicht – **Musiktruhe mit helikoïdaler Spurführung und auswechselbaren Zylindern**

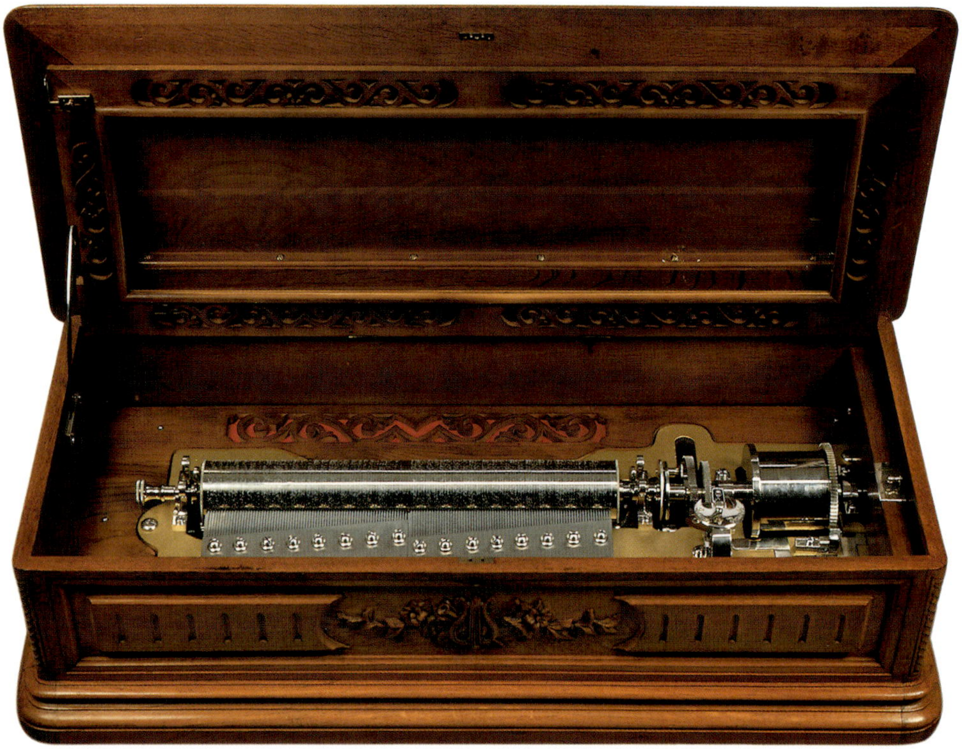

Musiktruhe mit helikoïdaler Spurführung
und auswechselbaren Zylindern

Stammen die Vogelautomaten-Vase und der Tempelautomat aus der Frühzeit der Musikdosenproduktion, so markiert die Musiktruhe Marke Thorens das Ende dieser Tradition. Fabriziert wurde das imposante Eichenmöbel in Sainte-Croix, dies kurz vor 1900. Als Hersteller zeichnet die Musikdosenfabrik von Hermann Thorens, die zwar erst 1883 gegründet wurde, aber in kurzer Zeit zu den führenden Firmen aufschloss. In grossen Serien gefertigte kleine Musikwerke zum Einbau in Souvenirs und Kinderspielzeug legten die Basis für ein solides Unternehmen, das sich ab 1890 auch ausgesprochen aufwendigen Konstruktionen zuwandte und die neuen technischen Elemente patentieren liess. Zur erfolgreichen Produktion gesellte sich ein selbstbewusstes Marketing; die Firma Thorens präsentierte sich an allen grossen nationalen und internationalen Ausstellungen der Epoche.

Damit sind alle Elemente beisammen, mit denen sich unsere Musiktruhe einordnen lässt. Im technischen Bereich bietet sie eine aussergewöhnliche Lösung an: die helikoïdale Spurführung, also die schraubenförmige Anordnung der Stifte auf dem Zylinder. Während der Drehung wird der Zylinder kontinuierlich seitlich verschoben (ca. 0,5 mm pro Drehung). Das erlaubt die ununterbrochene Wiedergabe eines langen Musikstücks während sechs Umdrehungen des Zylinders, was eine Spieldauer von gegen acht Minuten ergibt. Anders als bei normalen Musikdosen, wo jede Umdrehung mit einer Pause abgeschlossen werden muss, erlaubte diese Technik wesentlich anspruchsvollere Arrangements der Musikstücke. So findet sich zur vorliegenden Truhe ein Zylinder mit der Ouverture aus Wagners „Tannhäuser".

Natürlich bieten die technischen Finessen keinerlei Garantie für musikalische Qualität. Der Tonumfang bleibt bescheiden, vor allem weil das Werk mit zwei kurzen Tonkämmen zu je 76 Tönen ausgestattet ist. Das kommt zwar der Lautstärke zugute, wirkt sich aber auf den musikalischen Reichtum der Arrangements abträglich aus. Der Musik Wagners bleibt der Klang unserer *Thorens* einiges schuldig.

Insgesamt stehen sieben verschiedene Zylinder zur Auswahl, die in den Schubladen Platz finden. Das Programm reicht von der erwähnten Ouverture über religiöse Melodien bis hin zum einst populären Walzer „Romeo et Juliette" des heute vergessenen Liszt-Schülers Joachim Raff aus dem schwyzerischen Lachen. Modelle mit der Möglichkeit zum Zylinderwechsel wurden seit etwa 1850 angeboten; um 1900 führte jede grössere Firma solche Instrumente.

Viel seltener hingegen war die helikoïdale Spurführung. An diese Finesse wagten sich nur wenige Hersteller. Das kniffligste technische Problem bei den schraubenförmig gestifteten Zylindern stellt sich am Ende des Programms, wenn der Zylinder wieder in die Ausgangsposition zurückkehren soll. Würde der Zylinder – wie üblich – durch eine Feder wieder nach rechts gedrückt, gingen die Spitzen des Tonkamms kaputt. Um dies zu verhindern, wird der Zylinder während des Zurückstellens vom Tonkamm entfernt. Diese Bewegung muss erstens im richtigen Moment erfolgen, was ein spezielles Zählgetriebe sicherstellt; zweitens muss sich der Zylinder trotz seiner beweglichen Aufhängung wieder starr in der Spielposition fixieren lassen.

Das Konstruktionspatent, das alle diese Klippen umschiffte, wurde 1895 von Louis Hössli, Hermann Thorens' Chefkonstrukteur, gelöst. Bereits im Folgejahr, an der Landesausstellung in Genf, präsentierte Thorens eine Musikdose mit der neuartigen Mechanik und erhielt prompt eine Goldmedaille. Unsere Musiktruhe wurde eigens für die Weltausstellung 1900 in Paris gefertigt und bildete das Spitzenstück des Firmenstandes; auch sie brachte der Firma Thorens eine Goldmedaille ein. Nach der Ausstellung verblieb das Meisterstück in Familienbesitz, bis es 1993 vom Musikautomaten-Museum Seewen angekauft wurde.

In ihrer Raffinesse markiert die *Thorens*-Truhe den Höhepunkt der Musikdosentechnik; ironischerweise fällt dieser zeitlich zusammen mit dem Niedergang der gesamten Industrie. Trotz ihrer technischen Mängel bot die Musik aus dem Grammophontrichter ein unvergleichlich lebendigeres Hörerlebnis als jede noch so raffinierte Musikdose.

1. Ilirischer Marsch
2. Banater Kolo
Josef Tomasević
ZAHL Nro. 23163
MUSIK Nro.

Musikwerke aus den Nachbarländern

Eine weltweite Sammlerstatistik würde zeigen, dass der grösste Teil aller Musikwerke mit Zylinder aus der Schweiz stammt. Nur an einigen wenigen Orten in den Nachbarländern Österreich und Frankreich etablierte sich eine vergleichbare Produktion.

So begannen um 1820 Wiener und Prager Firmen mit der Herstellung von Musikwerken nach „Art der Schweizer". Ihre Zahl blieb allerdings beschränkt. Am bedeutendsten wurden die Häuser Willenbacher und Rzebitschek in Prag, weiter Anton Olbrich in Wien. Aber international konnte sich ihre Produktion, obwohl qualitativ ansprechend, kaum durchsetzen. Dazu trug bei, dass nach 1830 beide Firmen kaum mehr in die technische Weiterentwicklung investierten und insbesondere kaum grössere Werke fabrizierten. Der Gesamtausstoss zwischen 1820 und 1900 wird auf maximal 120 000 Werke geschätzt – ein Bruchteil der Schweizer Produktion.

Österreichische Musikwerke (Prag gehörte damals zum Kaiserreich Österreich-Ungarn) lassen sich auf den ersten Blick von Schweizer Fabrikaten unterscheiden. Die Basslamellen sind rechts angeordnet, das Zahnrad zum Antrieb des Stiftzylinders ist meist mit Stahlstiften ausgeführt.

Auch in Frankreich entstanden Musikwerke. Zum bedeutendsten Unternehmen stieg die Fabrik auf, die Auguste L'Epée 1839 in Sainte-Suzanne bei Montbéliard gründete. Sie fertigte bis um 1900 Musikdosen in grossen Stückzahlen, vor allem aber kleine Musikwerke zum Einbau in Kinderspielzeug und Souvenirs. Weiter produzierte L'Epée als erster sogenannte *manivelles,* bei denen der Antrieb nicht über einen Federmotor, sondern durch eine Handkurbel erfolgt. Ab 1857 wurden diese kleinen Werke jährlich zu Zehntausenden hergestellt. Neben dem führenden L'Epée gab es kleinere Hersteller wie David in Morez und Soualle in Villetanneuse (beide im Jura). Anders als österreichische Fabrikate lassen sich französische Musikwerke kaum von solchen aus der Schweiz unterscheiden. Sie tragen fast nie eine Signatur, oft werden sie gar als *musique de Genève* bezeichnet.

LM 79457

NOUVEAUTÉ

AUTOMATE A MUSIQUE AVEC DISQUES

Jouant deux révolutions pour un air long ou deux airs
de longueur normale.

Cet instrument est d'un effet musical supérieur à tout ce qui s'est fait jusqu'à ce jour.
Magnifique sonorité. - - - Grande pureté de son.

DURÉE D'UN AIR LONG (2 RÉVOLUTIONS) : 3 MINUTES

Meuble noyer riche

DIMENSIONS :

Hauteur . . 1m30
Largeur . . 0m80
Profondeur . 0m50

Poids net, 50 kilog.
Poids brut, 90 »

2 CLAVIERS

Nombre de lames :
156

Diamètre des disques :
47 cm.

Liste d'airs à choix
sur demande.

No 478 B.

Prix de l'instrument . . . Fr. .... la pièce.
Prix des disques . . . . . Fr. .... la pièce.

L'emballage est compris dans les prix ci-haut. - - - Caisse vide à retourner franco.

Blechplatte mit Haken und Löchern

In den 1880er Jahren gelang Paul Lochmann aus Leipzig eine folgenreiche Erfindung. Er ersetzte den Stiftzylinder der Musikdosen durch eine Blechplatte mit ausgestanzten Häkchen. Solche Platten konnten preisgünstig produziert werden und erlaubten den Besitzern der Instrumente, das Repertoire stets auf dem neusten Stand zu halten. Dass Lochmanns System gegenüber den klassischen Zylinder-Musikdosen auch gravierende Nachteile aufwies – grössere Ausmasse bei gleicher Tönezahl, weniger präzise Musikwiedergabe –, all dies verblasste angesichts der günstigen Preise. In wenigen Jahren entwickelte sich in Leipzig, später auch in den Staaten, eine blühende Musikwerkeindustrie. Symphonion, Polyphon, Kalliope, Adler und Richter hiessen die bedeutendsten Hersteller in Deutschland, in den USA beherrschten Regina und Komet den Markt.

Die Schweizer Fabrikanten grosser Musikwerke, namentlich die Hersteller einfacherer Qualitäten, stöhnten über sinkende Absatzzahlen. Bis in die Mittneunzigerjahre sträubten sie sich gegen die Übernahme des qualitativ minderwertigen Systems, entwickelten dann aber eigene Produktelinien. Zur Spezialität der Schweizer Hersteller wurden Geräte, bei denen die Blechplatte keine Häkchen aufwies, sondern die Tonwahl über ausgestanzte Löcher steuerte. Sowohl bei der Herstellung wie bei der Aufbewahrung waren Platten dieser Machart weniger empfindlich als diejenigen des Systems Lochmann.

Um 1900 teilten sich folgende Produkte in den Markt:
Harmonia, L'Auberson
Stella und Mira (Mermod, Sainte-Croix)
Britannia und Imperial (Barnett H. Abrahams, Sainte-Croix)
Edelweiss (Thorens, Sainte-Croix)
Gloria (SBI, Genf).

Trotz hochstehender Qualität vermochte das Schweizer Angebot die Vormachtstellung der deutschen und amerikanischen Fabrikanten nicht zu brechen. Aber auch diese sahen ab 1900 ihren Absatzmarkt schrumpfen, denn der Erfolg des Grammophons drängte die Plattenmusikdosen aus dem Angebot. Im Jura überlebte praktisch nur die Produktion von kleinen Werken zum Einbau in Kinderspielzeugwaren und Souvenirs.

Louis Hössly.
26. mai 1897.

Brevet N° 14518.
1 feuille.

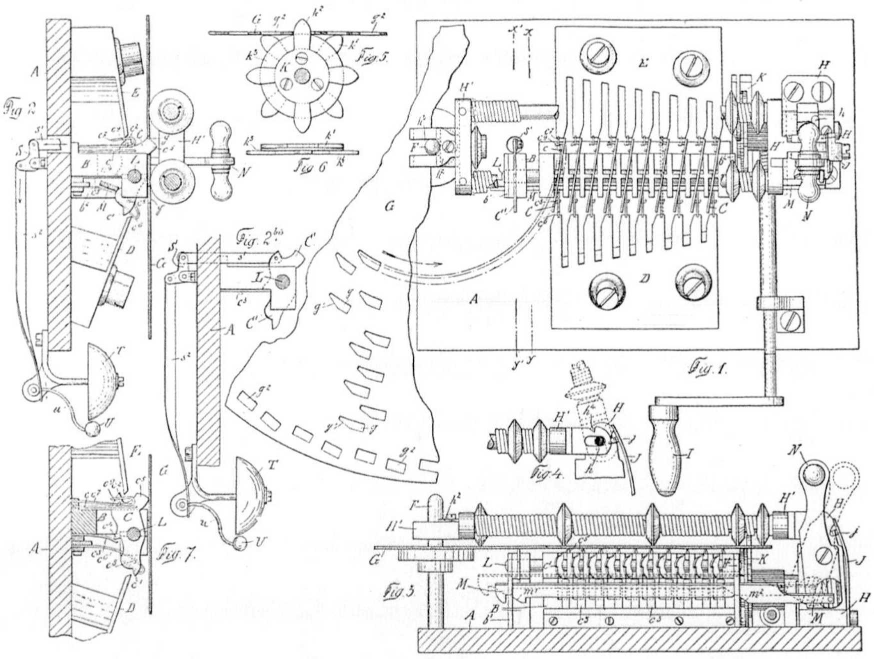

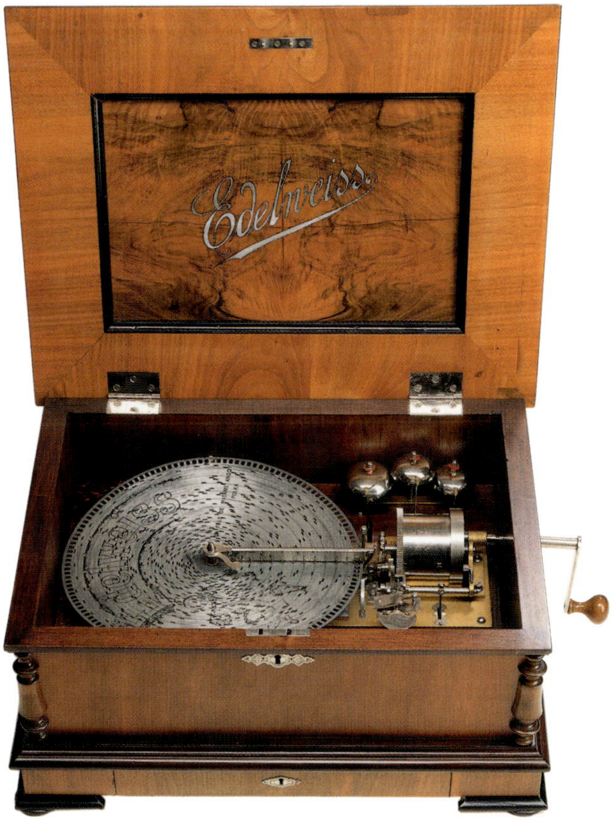

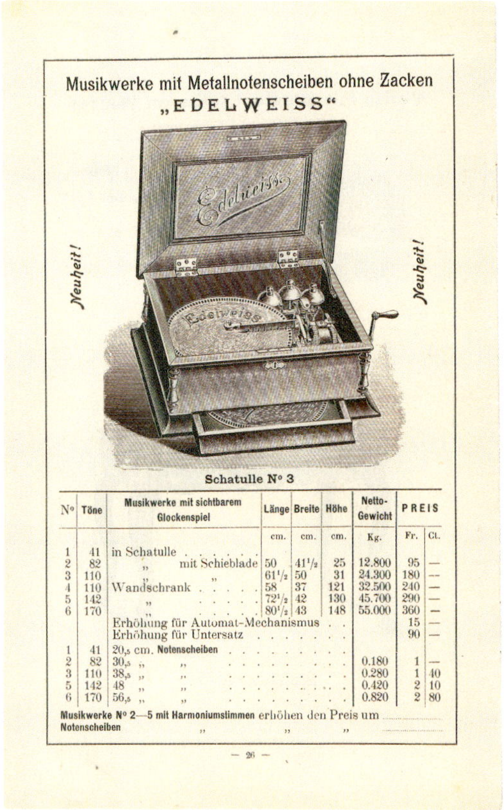

Musikwerke mit Metallnotenscheiben ohne Zacken
„EDELWEISS“

Neuheit!

Neuheit!

Schatulle № 3

№	Töne	Musikwerke mit sichtbarem Glockenspiel	Länge	Breite	Höhe	Netto-Gewicht	PREIS	
			cm.	cm.	cm.	Kg.	Fr.	Ct.
1	41	in Schatulle						
2	82	„ mit Schieblade	50	41½	25	12.800	95	—
3	110	„ „	61½	50	31	24.300	180	—
4	110	Wandschrank	58	37	121	32.500	240	—
5	142	„	72½	42	130	45.700	290	—
6	170	„	80½	43	148	55.000	360	—
		Erhöhung für Automat-Mechanismus . .					15	—
		Erhöhung für Untersatz					90	—
1	41	20,5 cm. Notenscheiben						
2	82	30,5 „ „				0.180	1	—
3	110	38,5 „ „				0.280	1	40
5	142	48 „ „				0.420	2	10
6	170	56,5 „ „				0.820	2	80

Musikwerke № 2—5 mit Harmoniumstimmen erhöhen den Preis um ....
Notenscheiben „ „ „ ....

— 26 —

Calame
photographe Ste CROIX

Herstellung von Musikdosen in Heimarbeit

Musikdosen entstanden nicht in industrieller Fertigung in eigentlichen Fabriken. Wie bei der Uhrenindustrie griff man auf eine vorindustrielle Arbeitsteilung zurück: Fabriken stellten Rohwerke in grossen Stückzahlen her, die an Heimarbeiterinnen und Heimarbeiter geliefert wurden. Im Fall der Musikdosen bestand das Rohwerk aus einer offenen Kiste aus Buchenholz. Die Mechanik wurde in halbfertigem Zustand geliefert: Federantrieb und Geschwindigkeitsregelung in fertiger Ausführung, die Zylinder hingegen roh und unbestiftet, der Platz für den Tonkamm ausgespart. Auch wenn sich die Organisatoren Fabrikanten nannten, spielten sich die wichtigsten Arbeitsschritte in den Stuben und Werkstätten der Heimarbeiter ab – Markieren, Bohren und Stiften der Zylinder nach den entsprechenden musikalischen Arrangements, Stimmen des Tonkamms auf die richtige Höhe, Montage des fertigen Musikwerks, Fertigstellen des Gehäuses mit Furnieren, Beschlägen und Melodienverzeichnis.

Den Fabrikanten erlaubte dieser Arbeitsablauf eine individuelle Produktionsweise: Identische Rohwerke konnten auf unterschiedlichste Art ausgebaut werden. Die Heimarbeiter dagegen fanden sich in einer schwierigen Lage. Einerseits verstanden sie sich als selbständige Kleinunternehmer – mit entsprechendem Risiko der Unterbeschäftigung. Da sich die meisten aber auf einzelne Arbeitsschritte spezialisierten, konnten sie sich nur schwer vom Status des Zuarbeiters emanzipieren. Entsprechend gab es unter Heimarbeiterinnen und Heimarbeitern kaum solidarische Gesten. Forderte eine Vereinigung Mindestpreise, sah sie sich sofort vom Angebot arbeitswilliger Konkurrenten unterlaufen. Vorab einfache Arbeiten wie das Stiften der Zylinder wurden zu Löhnen ausgeführt, die kaum das Existenzminimum abdeckten.

Zwar wurde schon 1859 in Sainte-Croix die *Société des ouvriers faiseurs de pièces à musique* gegründet, die sich die gegenseitige Unterstützung bei Krankheit oder Arbeitsmangel zur Aufgabe setzte. Acht Jahre darauf entstand sogar eine Sektion der *Association internationale des travailleurs,* welche die Ziele der Sozialistischen Internationale von Karl Marx vertrat. Aber in der Praxis trug sie kaum zur Radikalisierung der Arbeiterschaft bei. So konnte im Jahre 1870 der Industrielle Louis-Philippe Mermod befriedigt melden:

„Da wir keine Fabriken haben und unsere Arbeiter innerhalb ihrer Familie leben und arbeiten, kennen wir keine Streiks, und der Erfolg ausländischer Vereinigungen wie der Internationale ist unbedeutend."

POYET

POYET

POYET

POYET

POYET

POYET

Fürs grosse Publikum

Für die redensartlichen „kleinen Leute“ ersetzt der Leierkastenspieler das Konzert des Kurorchesters. Während im vornehmen Ballsaal die Geigen klingen, tanzen sie in der Kneipe zu den Klängen des mechanischen Akkordeons. Das Karussell an der Kirchweih, das Klimper-Pianola im Vereinssaal bringen die populären Melodien der grossen Meister „unters Volk“.

Quincaillerie unter der Affenzunft.
Tribolets Papagei. Siehe pag. 3.
Willading.
Wendel.
König.
Morell.
140.
Der Kreuzgaßbrunnen
mit seinen Umgebungen

Arien im Jahrmarkttrubel

Die Sammlung des Museums für Musikautomaten Seewen gibt einen abgerundeten Eindruck der über mehr als ein Jahrhundert hinweg florierenden Musikdosen-Produktion in der Schweiz. Sie zeigt eine Vielfalt von Typen, die keine andere öffentliche Sammlung der Welt aufweist. Ebenfalls reichhaltig ist der Bestand an mechanischen Instrumenten für den öffentlichen Raum, denen dieses Kapitel gilt: Drehorgeln, Orchestrions, Bahnhofautomaten.

Zusätzlich zur Sammlung baute Seewen von Beginn weg seine Dokumentationsstelle aus. Neben den technischen Aspekten wird hier auch der Stellenwert der Instrumente im Alltag beleuchtet. Fotos, Zeichnungen und Texte über Leierkastenmänner oder Jahrmarktorgeln zeigen das mechanische Instrument als Medium der Unterhaltung, bisweilen auch der Besinnlichkeit.

Vom wachsenden Archiv gibt dieser zweite Katalogteil einen Begriff. Er geht nicht vom Ausstellungsobjekt aus, sondern vom Spielenden und vom Zuhörenden, vom Musikanten und von seinem Publikum. Auch die Musikdose stellt er nochmals vor, diesmal aber aus anderer Sicht: Was passierte nach dem Kauf? Wo und wann kam sie zum Einsatz, welche Melodien spielte sie?

Zur Einstimmung dient das nebenstehende Bild des Berner Malers Karl Howald aus dem Jahre 1846. Howald selbst beschreibt die festgehaltene Szene so:

„Marionetten-Spiel während der Martini Messe: Der Doktor Faust. Rechts liegt der Teufel im Pelz, den der Doktor Faust mit einem Prügel caput gemacht hat, und eben wird zwischen dem Sieger und dem Gretchen die rührende Arie gesungen: ‚Gredel, du mein tausend Leben, du speckfette Gansel!' – ‚Lass dir'n mal'nen Schmazerl geben, zuckersüsser Hansel.' – Das Orchester zum Drama bildet der Lirimann, der die Ouvertüre: ‚Es kann ja nicht immer so bleiben' dem zahlreichen Gassenpublikum zum Besten gegeben hat. ‚Geisskäs, Geisskäs, von jungen und alten Kühen!' schreit ein Entlibucher mitten in den Spektakel."

Wandermusikanten

Im Europa des 18. und des frühen 19. Jahrhunderts gab es eine grosse Zahl von nicht sesshaften Menschen: Personen, denen die Heimatberechtigung aberkannt worden war, dazu die Nachfahren solcher Personen. Sein Bürgerrecht konnte man auf vielfältige Arten verlieren: uneheliche Schwangerschaft bei Frauen, Heirat ohne Bewilligung des Heimatortes, Verurteilung wegen kriminellen Delikten. Und immer betraf dieser Verlust auch die Nachkommen. Notgedrungen verlegte diese nicht sesshafte Bevölkerung ihren Erwerb auf Tätigkeiten, die keinen festen Wohnsitz verlangten: Hausieren, Schaustellen, Taglöhnen. Manche traten als Musikanten auf, spielten einfache Instrumente wie Flöte, Geige, Trommel – oder die Drehorgel. Auf Grund ihrer Lebensweise hinterliessen diese Nomaden kaum Spuren.

In den ländlichen Gebieten waren Wandermusikanten recht beliebt, denn sie brachten Auflockerung in den geregelten Lebenslauf der sesshaften bäuerlichen Bevölkerung. Das zeigt der Brief von Mary Jones aus Arcadia (Georgia, USA) an ihren Sohn Charles vom 18. Dezember 1855:

„Mein lieber Sohn

Du rätst nicht, was die ersten Töne waren, die heute meine Ohren begrüssten: ein Ständchen bei Sonnenaufgang von einem wandernden Sänger mit einer Drehorgel – ein junger französischer Flüchtling. Er kann kaum Englisch und sagte, er habe letzte Nacht im Wald zwischen hier und Hinesville geschlafen. Und wir haben an seinem grossen Appetit gemerkt, dass er kein Nachtessen hatte. Der ganze Hof lief zusammen, um ‚Susannah', ‚Yankee Doodle' etc. zu hören und die ‚grosse Schau' von Napoleons Tod zu bewundern. Dieser liegt aufgebahrt in seiner Uniform, eine Ehrenwache daneben, ein Offizier bewegt sich gemessen, und ganz am Rand steht ein schwarzer Diener mit einem Teller. Alle diese Figuren bewegen sich zur Musik, und sooft eine Münze in den Teller fällt, dreht der Diener den Teller um und das Geld verschwindet in einer kleinen Schachtel. Dieser Besuch wird unseren Leuten bestimmt noch lange in Erinnerung bleiben.

Deine Dich liebende Mutter."

Drehorgelspieler in der Stadt

In den rasant wachsenden Städten des 19. Jahrhunderts traf man auf Schritt und Tritt auf Drehorgelspieler. Die grossen Ströme von Menschen, welche auf den Strassen vorbeizogen, boten die Möglichkeit, einen kleinen Verdienst zu finden – nicht immer zur Freude der Anwohner. So schrieb der deutsche Musikhistoriker August Wilhelm Ambros im Jahr 1860: „Leider konnte ich keinen vernünftigen Gedanken vor Strassenlärm zusammenbringen, denn gerade unter meinem Fenster hatte ein Mann einen grossen Guckkasten aufgestellt, in welchem er Sonnenaufgänge, Schlittschuhläufer, Bataillenstücke, Empörungen, Wirtshaustänze, brennende Paläste und andere Herrlichkeiten zeigte und dazu auf einer Drehorgel die nötige Musik machte."

Grossstädte wie Paris, London oder Berlin erliessen denn auch Reglemente zur Strassenmusik. Schon 1846 meldete die französische Zeitschrift *Monde musical:* „Dank der Wachsamkeit des Herrn Polizeipräfekten ist die Zahl der Virtuosen seit einiger Zeit zurückgegangen und vermindert sich von Tag zu Tag." Zu dieser Zeit waren in Paris rund zweihundert Strassenmusikanten tätig, unter ihnen etwa fünfzig Drehorgelspieler.

In den kleineren Städten traf man Drehorgelspieler meist nur auf Messen und Märkten an. Aber auch hier versuchte die Obrigkeit, Wandermusikanten auszuschliessen. So verboten 1879 die Basler Behörden sämtliches Drehorgelspielen. Sie machten die Rechnung freilich ohne die Bevölkerung, die sich in der Presse für die Musikanten wehrte:

„Dass die falsch tönenden und ausgelotterten Drehorgeln von der Messe fern gehalten werden, kann Jedermann nur lieb sein, dass aber Alles, Stübis und Rübis wegdekretirt wurde, das ist doch allzu radikal verfahren. Man weiss ja in den Strassen gar nicht mehr, dass es Messe ist."

Die Zuschrift hatte Erfolg: Die Behörden krebsten zurück und hoben das Verbot auf.

HARMONIFLÛTE. SYSTME GAVIOLI, BREVTÉ & PATENTED. 14. RUE D'ALICRE Fbg St ANTOINE, PARIS.

Drehorgelspieler im 20. Jahrhundert

Auch im 20. Jahrhundert behauptete die Drehorgel vorerst ihre Stellung. Im Gefolge des Ersten Weltkriegs und der Wirtschaftskrise bildete sich eine ärmliche Schicht von Kriegsinvaliden und Gelegenheitsarbeitern heraus, die in den Städten lebte. Diesen Randständigen bot das Musizieren auf der Strasse die Möglichkeit, etwas Geld zu verdienen. Meist gehörten ihnen die Instrumente nicht selbst, sondern wurden ihnen tage- oder wochenweise vermietet.

Der zunehmende Strassen- und Umgebungslärm verlangte nach grösseren und lauteren Drehorgeln. Die Instrumente, mit mehreren Registern und weit über hundert Pfeifen versehen, liessen sich nicht mehr so einfach herumtragen, sondern wurden auf speziellen Wagen transportiert. Entsprechend stiegen die Preise: Eine grosse Orgel kostete um 1925 bis zu tausend Mark, was mehreren Monatslöhnen eines einfachen Angestellten entsprach.

Zu Beginn des 20. Jahrhunderts erschien die Drehorgel auch in der bildenden Kunst und in der Musik. Picasso malte in seiner blauen Periode Drehorgelspieler; von Paul Klee hat sich das Blatt „Mann mit Drehorgel" erhalten. In Strawinskjis Ballettwerken „Petruschka" und „Parade" kommen Drehorgeln zum Einsatz. Selbst der berühmte Macky-Messer-Song von Brecht und Weill wurde anlässlich der Uraufführung der „Dreigroschenoper" (1928) von einer Berliner Drehorgel begleitet. Die entsprechende Melodie wurde in der Fertigungsstätte von Bacigalupo auf eine Orgelwalze übertragen.

Ganz allgemein war es in der schnellebigen Zeit der zwanziger Jahre üblich, alle Jahre die neuesten Schlagermelodien auf die Walzen schlagen zu lassen. Davon zeugen die vielfach überarbeiteten Holzzylinder mancher zeitgenössischer Drehorgeln.

G. Bacigalupo Orgelfabrik, Berlin N113

Schönhauser Allee 79, am Ringbahnhof

Telefon: D 5 Vineta 1035. Postscheck Berlin 89369

Bank-Konten: Dresdener Bank, Berlin N 58, Schönhauser Allee 144
Deutsche Bank, Berlin N, Schönhauser Allee 8

Katalogpreise

der Straßen-Drehorgeln

Melotons

No. 1	24 Tasten	Mk.	415.—
	Extra-Walze	„	125.—
No. 2	26 Tasten	„	450.—
	Extra-Walze	„	135.—
No. 3	37 Tasten	„	640.—
	Extra-Walze	„	160.—

Violinos

No. 4	24 Tasten	Mk.	570.—
	Extra-Walze	„	125.—
No. 5	26 Tasten	„	615.—
	Extra-Walze	„	135.—

Harmonipans

No. 6	19 Tasten	Mk.	385.—
	Extra-Walze	„	110.—
No. 7	25 Tasten	„	525.—
	Extra-Walze	„	125.—
No. 8	26 Tasten	„	605.—
	Extra-Walze	„	135.—
No. 9	33 Tasten	„	615.—
	Extra-Walze	„	135.—
No. 10	40 Tasten	„	700.—
	Extra-Walze	„	150.—

Violinopans

No. 11	26 Tasten	Mk.	615.—
	Extra-Walze	„	135.—
No. 12	33 Tasten	„	730.—
	Extra-Walze	„	135.—
No. 13	41 Tasten	„	860.—
	Extra-Walze	„	160.—

Violin-Clariton

No. 14	25 Tasten	Mk.	625.—
	Extra-Walze	„	135.—
No. 15	33 Tasten	„	800.—
	Extra-Walze	„	135.—
No. 16	38 Tasten	„	850.—
	Extra-Walze	„	140.—
No. 17	44 Tasten	„	975.—
	Extra-Walze	„	160.—

Violin-Trompeten-Orgeln

No. 18	30 Tasten	Mk.	700.—
	Extra-Walze	„	135.—
No. 19	35 Tasten	„	780.—
	Extra-Walze	„	135.—
No. 20	38 Tasten	„	835.—
	Extra-Walze	„	140.—
No. 21	44 Tasten	„	950.—
	Extra-Walze	„	160.—

N° 502.

Kirchweih und Jahrmarkt

Kirchweih und Jahrmärkte boten seit je die Möglichkeit, Nachrichten aus nah und fern auszutauschen. Bänkelsänger mit Schautafeln gehörten seit Jahrhunderten dazu. Aus Zensurgründen berichteten ihre Lieder meist von Naturkatastrophen oder persönlicher Tragik. So entstand das Klischee vom kitschig-sentimentalen Schauermärchen, mit welchem der Moritatensänger sein Publikum zu Tränen rührt.

Mit der Verbreitung der industriellen Technologien im 19. Jahrhundert mehrten sich auch die spektakulären Unglücksfälle. Zugskollisionen, Schiffsuntergänge oder Hotelbrände boten den fahrenden Sängern willkommenen Stoff. Farbige Tafeln zeigten die Ereignisse, ein langes Lied schilderte die Details. Die Drehorgel war das ideale Instrument zum Begleiten solcher vielstrophiger Lieder: Auf jede Strophe folgte der Refrain mit Orgelbegleitung. Moritatenbilder konnten die Künstler bei professionellen Schildermalern bestellen. Dieses Gewerbe hielt sich bis in die Mitte des 20. Jahrhunderts. So bot 1913 der deutsche Maler Karl Gocks folgende Aktualität an: „Die grausige Luftschiff-Explosion bei Johannistal, die brennende Todesfackel." Und noch nach dem Zweiten Weltkrieg lieferte der Schildermaler Heinrich Wilferts Bilder über „die Schrecken der KZ-Lager in Dachau und Buchenwald" sowie über „die Nürnberger Prozesse und die Hinrichtung der Hauptkriegsverbrecher".

Die illustrierte Presse und die Filmwochenschauen führten zum Verschwinden dieser frühen Multimedia-Schau. Ihre Nachfahren haben die Moritatensänger in den Liedermachern gefunden. Sänger wie Mani Matter oder Wolf Biermann knüpften an die Tradition der Bänkellieder an.

e Kinder des Kapitän Bellmont.
Gerettet durch die Hand der Vorsehung od
Die Macht der Mutterliebe!

Rabenmutter
Die Rache

Helvetia

Vom Jahrmarkt zum Rummelplatz

Die erweiterten technischen Möglichkeiten liessen gegen Ende des 19. Jahrhunderts auch die Attraktionen der Jahrmärkte wachsen. Es entstanden Riesenräder, Achterbahnen und ähnliche Angebote im Dienst des Nervenkitzels. Hier überall gehörte Musik dazu – und dies in möglichst lauter Ausführung. So wurden immer grössere Drehorgeln gebaut – die meisten mit mechanischem Antrieb, der das musikalische Programm durch perforierte Kartonbänder steuerte.
Als Lockmittel auf dem Rummelplatz eignete sich strophische Musik mit Refrain nicht. Gefragt waren eher fanfarenartige Klänge. Der Programmaufbau folgte einfacheren Mustern: Potpourris mit bekannten Melodien.
„Und da war ich (...) schon mitten drinnen in der Masse des Lebens und trieb auf das Dudeln und Brausen des Jahrmarkts zu, in wachsendem Gedränge, der Boden war weich von Konfetti und Papierschlangen, in Buden wurden heisse Würstchen, Brezeln und gesponnener Honig ausgeboten, Trompetenstösse, Schüsse und Orgelläufe wurden immer greller, Ellbogen stiessen mich, Füsse streiften mich, und dann war alles eine einzige kreiselnde Bewegung von Leibern, ein einziges Johlen und Brodeln von Stimmen, und ich gehörte dazu." (Peter Weiss, Abschied von den Eltern)
In der Schweiz verlief die Entwicklung eher gemächlich. Vor allem auf dem Land herrschten auch nach dem Zweiten Weltkrieg idyllische Verhältnisse. So lesen wir noch 1948 über die jährliche Kirchweih im zürcherischen Glattfelden:
„D Glattfälderchind sind nanig eso verwönt gsy, we vili Chind i dr Stadt. Si händ aneren äinzige Rytschuel scho Fröid ghaa wäiss wie, und dä Taag, wo si amig is Doorff yzogen isch, miteme gäale und eme grüene Kumediwage, isch für ali Chind es Fäscht gsy. Es ischt jedes Jaar di glych Rytschuel uf Glattfälde choo, und säb ischt ebe grad s Schöön gsy draa: me hät jedes Rössli gchänt und de Löi und dr Elifant und s Schiffli, won ufe- und abeggange isch wärentem Faare und sGüütschli und dr Ängel zoberscht ufem Tach vo dr Rytschuel und d Orgele und jedes Liedli wo si gspilt hät."

WILHELM BRUDER SÖHNE
WALDKIRCH
BADEN

No. **108**

Universum.
Konzert-Notenorgel mit 42 Tonstufen.

Komplette Größe: Länge 244 cm, Höhe 235 cm, Tiefe 85 cm, Gewicht ca. 250 kg.
Die Trommelnischen sowie der Frontspitz sind zum Abnehmen eingerichtet.

An Hand aller neuesten Errungenschaften der Technik und Orgelbaukunst ist es uns gelungen, durch sorgfältigste Kombination der wohlklingendsten Register, deren Ein- und Ausschaltung auf pneumatischem Weg vollständig automatisch und absolut sicher erfolgt, trotz des wenig bedeutenden Umfanges dieses Werkes, einen derartig großartigen Musikeffekt zu erzielen, wie solcher bis jetzt von viel größeren Orgeln kaum erreicht worden ist, so daß dieses neue Modell wohl als das beste und effektvollste Produkt der modernen Orgelbautechnik bezeichnet werden kann.

Die Instrumentation dieser Orgel besteht aus:

2	Register Violinen	à 21	= 42	Stimmen
1	„ gedeckt		= 21	„
2	„ Flöten und Pikkolos	à 21	= 42	„
1	„ Trompeten		= 14	„
1	„ Begleitungsstimmen offen		= 10	„
1	„ „ gedeckt ..		= 10	„
	Pfeifenbässe offen und gedeckt		= 12	„
	Bombardons		= 6	„

insgesamt 157 klingende Stimmen, dazu große und kleine Trommel nebst chinesischem Becken.

Preis, inklusive 100 Meter Noten, je nach Wunsch in einzelnen Stücken, oder endlos in einem Kasten, um ohne jede Unterbrechung gespielt werden zu können, Mk.

Musikstücke per Meter Mk.

PUPPEN AUTOMAT

Kinoorgeln und mechanische Orchestrien

„Da war noch ein Kino. Jugendlichen unter 17 Jahren ist der Eintritt verboten. Auf dem Riesenplakat stand knallrot ein Herr auf einer Treppe, und ein duftes junges Mädchen umfasste seine Beine, sie lag auf der Treppe, und er schnitt oben ein kesses Gesicht. Darunter stand: Elternlos, Schicksal eines Waisenkindes in 6 Akten. Jawoll, das seh ich mir an. Das Orchestrion paukte. Eintritt 60 Pfennig. (...) Franz schob rin. Es war gerade Pause. Der lange Raum war knüppeldick voll, 90 Prozent Männer in Mützen, die nehmen sie nicht ab. Drei Lampen auf der Decke sind rot verhängt. Vorn ein gelbes Klavier mit Paketen drauf. Das Orchestrion macht ununterbrochen Krach. Dann wird es finster und der Film läuft."

Die Szene aus Alfred Döblins Roman „Berlin Alexanderplatz" schildert anschaulich die eher grobschlächtige Ambiance in der Frühzeit des Kinos. Die ersten „Cinematographen-Theater" waren meist fahrbare Etablissements. Sie bestanden aus einem Vorführraum, einer Dampfmaschine für die Stromerzeugung und einer grossen mechanischen Orgel; diese untermalte das Programm und half das Publikum anlocken.

Auch populäre Gaststätten stellten gerne Musikautomaten auf. Zum Einsatz kamen meist robuste Instrumente mit grossen Walzen für das Musikprogramm. Damit die Vorführdauer nicht allzu kurz ausfiel, sorgte eine spezielle Vorrichtung dafür, dass die Melodie zwei- oder dreimal hintereinander ablief – die Normaldauer für ein kleines Tänzchen auf dem Parkett.

In den ruhigeren Teestuben oder Gaststätten herrschten Plattenmusikschränke mit Münzeinwurf vor. Diese eher leisen Instrumente hatten den Vorteil, dass das Repertoire dank den auswechselbaren Blechplatten stets auf dem neusten Stand blieb. In Ausflugsrestaurants, wo viele Familien einsprachen, fanden sich oft Musikautomaten mit tanzenden Püppchen, die bei den Kindern sehr beliebt waren. Vor allem in der Westschweiz standen solche Geräte auch auf den Bahnhöfen und Stationen und halfen hier die Wartezeit verkürzen.

Edisons-
Ideal
Theater lebender R
durch den neueste

sen-Photographien
Grossartigste
Erfindung
Kinematograph.

HUPFELD

Orchestrien in Gaststätten

Die elektrische Stromversorgung, nach dem Ersten Weltkrieg allgemein verbreitet, eröffnete technisch völlig neue Möglichkeiten. Der elektrische Strom beleuchtete Innen- und Aussenräume und trieb Geräte und Maschinen aller Art an, so auch grosse Orchestrien in Gaststätten.
Eine Schlüsselerfindung für solche Geräte war die Steuerung durch Papier-Lochbänder, welche die einzelnen Funktionen mittels Unterdruck auslösten. Diese Technologie gestattete das Herstellen hochkomplexer Mechanismen, die mit hoher Zuverlässigkeit funktionierten. Vor allem Leipziger Firmen wie Hupfeld und Popper produzierten in der Zwischenkriegszeit jährlich Tausende von Orchestrien. Eines der spektakulärsten Modelle war das Hupfeld Phonoliszt-Violina, ein Orchestrion mit Klavier und Geigen. Der Basler Paul Tschudin berichtet darüber in seinem Buch „Meine Ehre ist nicht die Eure!":
„An einem Samstagabend marschierten Schorsch und Peter zu einer ihrer Tanztouren auf den ‚Hübel'. Sie hatten zwischendurch oft von den selbstspielenden Künstlergeigen und den Tanzpartys auf dem Bienenberg gehört. (...) Und dann, als sie weitergingen, hörten sie Musik. Sie gingen den Tönen nach und gelangten durch den Eingang in einen grossen Saal. Die selbstspielenden Künstlergeigen hingen im Halbkreis auf dem Kopf in einer Art Orchestrion. Drum herum kreiste ein Reif an Stelle eines Geigenbogens über die Saiten. An jeder Geige war zusätzlich eine mechanisierte Tastatur angebracht. Das gab eine Musik, sehr ähnlich einem wirklichen Orchester, aber wie von Geisterhand gespielt. Peter und Schorsch staunten. Zwar waren vielerorts elektrische Klaviere in Betrieb, aber dieser Kasten in der Mitte der Fensterfront war eine Meisterleistung. Das Repertoire, welches als kleines Heft auf jedem Tisch lag, umfasste eine Auswahl von über zweihundert Stücken von den Klassikern über Tanzmusik bis zum letzten Schlager."
Trotz Serienproduktion kamen solche Geräte einen Gastwirt teuer zu stehen. Das Hupfeld Phonoliszt-Violina kostete um 1925 stolze 20 500 Franken, was mehreren Jahreslöhnen eines einfachen Angestellten entsprach. Auch einfachere Orchestrien für Gaststätten kosteten immer noch mehrere tausend Franken.
Für die Hersteller ging es um Aufträge, die über Sein oder Nichtsein entschieden; entsprechend heftig tobte der Kampf zwischen ihnen. Hupfeld, Popper oder Philipps überboten sich jede Saison mit immer originelleren Klangkombinationen. In den Jahren um 1925 hatten sie zwar kaum Konkurrenz durch Plattenspieler zu befürchten, aber das wirtschaftlich schlechte Klima machte ihnen zu schaffen. So meldeten die meisten Hersteller nach 1930 den Konkurs an.

H U P F E L D

PHONOLISZT-VIOLINA
mit automatischer Stimmhaltung

MODELL B / NUSSBAUM
Die erste und einzige selbstspielende, durch Roßhaarbogen gestrichene Geige
mit künstlerischer Klavierbegleitung

Maße: Höhe etwa 245 cm, Breite etwa 169 cm, Tiefe etwa 87 cm
Gewichte: netto etwa 580 kg, brutto etwa 920 kg

P H O N O L I S Z T - V I O L I N A

XVI/96. O.F. 2500527.

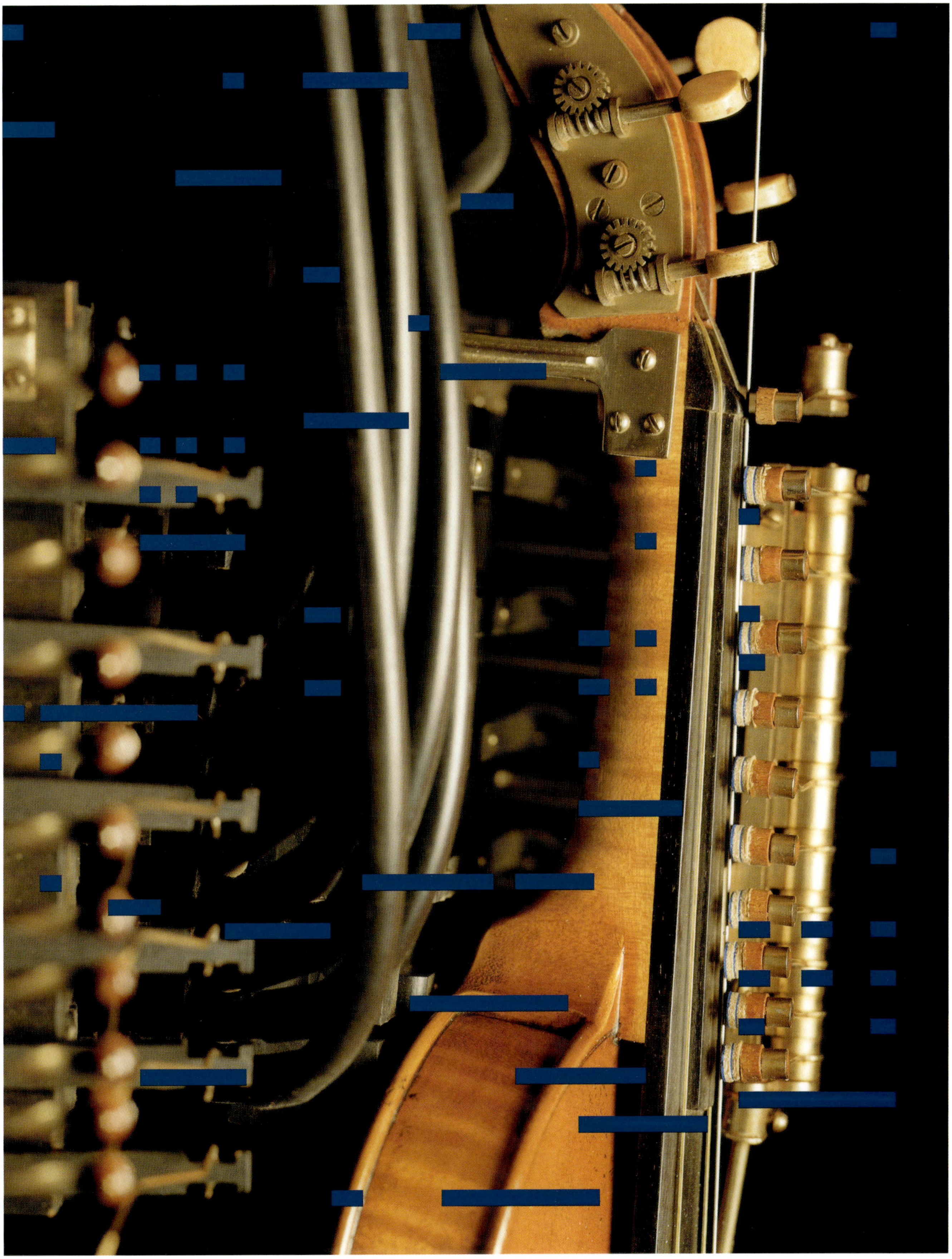

Häuslicher Alltag mit Musik

Zu Hause die neusten Tanzschritte üben. Mit besinnlichen Klängen die Familienandacht eröffnen. Vorm Kaminfeuer einem Chopin-Walzer lauschen. Musikdose und Pianola halten das passende Repertoire bereit. Eine Walze auflegen, eine Rolle einspannen…

Musikdosen im grossbürgerlichen Heim

1883 liessen die Auslandschweizer Kaufleute Traugott und Johann Conrad Bühler neben ihren neuen Firmengebäuden in Aarburg das Chalet Waldegg nebst Dienerhäuschen errichten. Es diente bei ihren häufigen Aufenthalten im Aargau als Unterkunft und wurde auch zum Empfang von Gästen genutzt. Zur Ausstattung des Hauses gehörte eine grosse Musikdose im Entrée, welche Bühlers bei der Genfer Firma Brémond bestellten. Den Gebrüdern Bühler war offenbar nur das Beste gut genug, denn sie entschieden sich für die Musikdose Typ *Grand Orgue,* die zusammen mit drei Zylindern 1500 Franken kostete. Das mit Zungenstimmen ausgerüstete Instrument glich im Klang einem Harmonium und gehörte zu Brémonds teuersten Angeboten. Für ihr Geld erhielten die Käufer einen reich geschmückten Tisch in Nussbaumholz und ein Musikwerk, das sich für Empfänge bestens eignete: Jeder Zylinder spielte 16 verschiedene Melodien, und die Mechanik mit vier starken Federn ermöglichte eine Spielzeit von gegen einer halben Stunde. Um auch ernste Gelegenheiten zu verschönern, schafften die Bühlers einen Zylinder mit geistlicher Musik an.

Auch in den Salons der grossbürgerlichen Villen traf man im ausgehenden 19. Jahrhundert schmucke Musikdosen an. Meist stand weniger die ernsthafte Beschäftigung mit Musik im Vordergrund, sondern die Zerstreuung. So schildert die Winterthurerin Fanny Sulzer-Bühler ihren Vater, den erfolgreichen Textilindustriellen Eduard Bühler, als „unmusikalisch", erwähnt aber die „grosse Berner Spieldose", die abends jeweils ertönte. Eduard Bühler wird als Liebhaber der eingängigen Opernmelodien von Puccini und Verdi bezeichnet, bekannte sich aber als entschiedener Gegner der Wagnerschen Musik.
Seine Vorlieben spiegeln sich in den liebevoll ausgeführten Programmzetteln der gründerzeitlichen Musikdosen. Es finden sich vor allem Arrangements eingängiger Opern- und Operettenmelodien, daneben auch lokale Spezialitäten wie Wiener Schrammeln oder schottische Lieder. Besonders gut vertreten sind französische Erfolgskomponisten wie Jacques Offenbach oder Giacomo Meyerbeer. Selten fehlen einige geistliche Titel: Hymnen, Choräle und das eine oder andere Ave Maria.

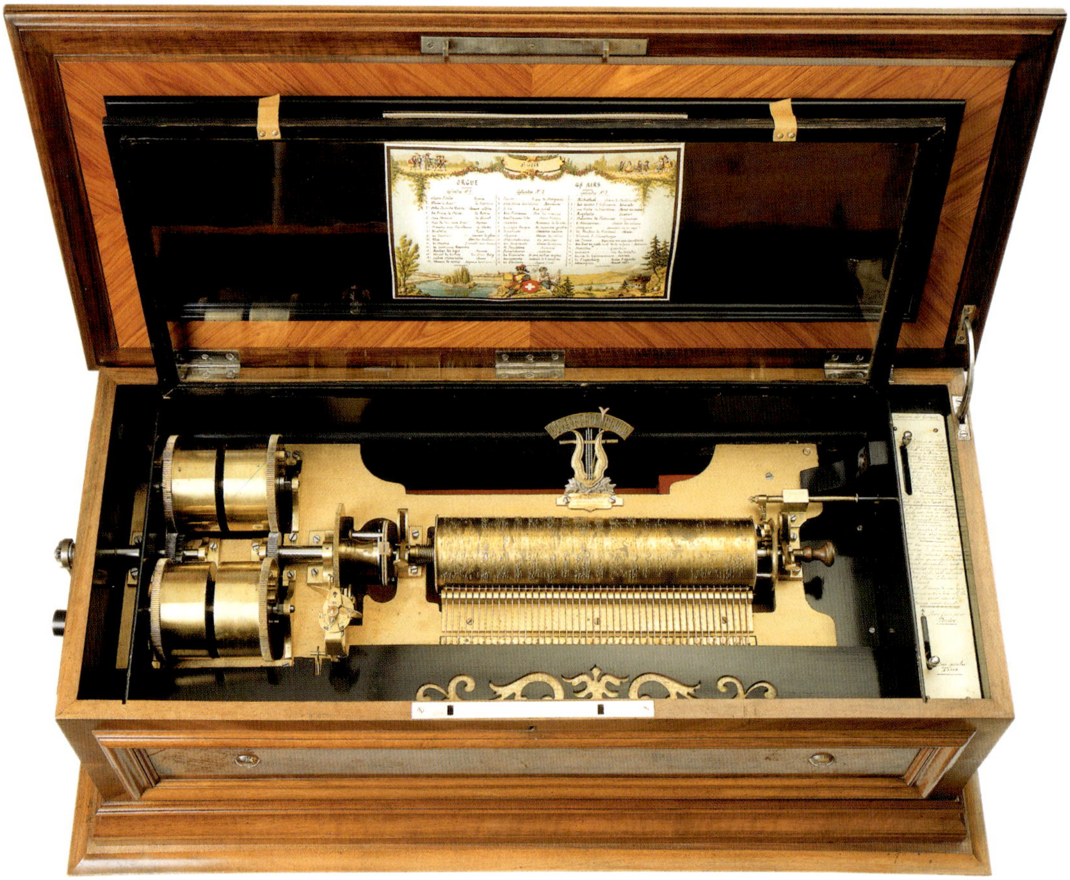

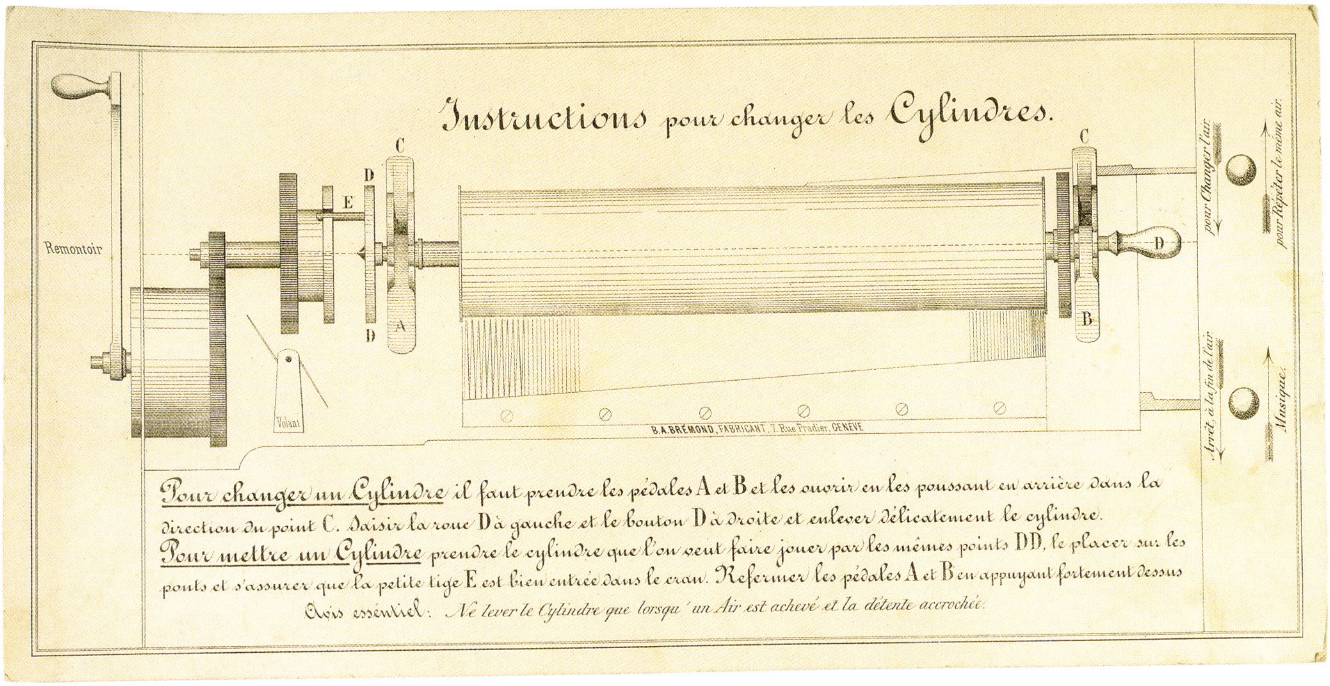

Instructions pour changer les Cylindres.
Remontoir
Volant
C
D
E
D
A
C
D
B
B.A. BRÉMOND, FABRICANT, 7, Rue Pradier, GENEVE
pour Changer l'air.
pour Répéter le même air.
Arrêt, à la fin de l'air.
Musique.
Pour changer un Cylindre il faut prendre les pédales A et B et les ouvrir en les poussant en arrière dans la direction du point C. Saisir la roue D à gauche et le bouton D à droite et enlever délicatement le cylindre.
Pour mettre un Cylindre prendre le cylindre que l'on veut faire jouer par les mêmes points DD, le placer sur les ponts et s'assurer que la petite tige E est bien entrée dans le cran. Refermer les pédales A et B en appuyant fortement dessus
Avis essentiel: Ne lever le Cylindre que lorsqu'un Air est achevé et la détente accrochée.

B.A.BRÉMOND
FABRICANT DE PIÈCES À MUSIQUE.
à GENÈVE, Suisse.
GOLDEN LYRE HOUSE
B.A.BRÉMOND
MUSICAL BOX MANUFACTURER
in GENEVA, Switzerland.
1883
No 19588
ORGUE
48 AIRS.
Cylindre No 1
1. Adeste Fideles . . . . Hymne
2. Gloire à Dieu! . . . . de Beethoven
3. Alla Trinita Beata . Choeur célèbre
4. La Prière de Moïse . . . de Rossini
5. Ave Maria! . . . . de Gounod
6. Près de toi mon Dieu! . . Hymne
7. Marche aux flambeaux . de Clarke
8. Stradella . . . . . . Prière
9. La Création . . . Air: Couvert de gloire
10. Elie . . . . . Sanctus dominus
11. Le Messie . . . J'attends mon Sauveur
12. Le Centième Psaume
13. Rocher des âges . . . Hymne
14. Choral de Luther . . . Ein fester Burg
15. Judas Macchabée . . . Choeur
16. Choeur de sortie . Seigneur bénis-nous!
Cylindre No 2.
1. Faust . . . . Prière de Marguerite
2. Alla Stella Confidente . . Romance
3. Aïda . . . . Duo final
4. Don Giovanni . . Trio des masques
5. Guillaume Tell . . . Choeur d'entrée
6. Martha . . . . Romance de la rose
7. Lucrezia Borgia . . Di pescatore ignobile
8. Hérodiade . . . . Marche sainte
9. Norma . . . . . Choeur des prêtres
10. Nabuchodonosor . . Va pensiero
11. Les Huguenots . . . Choeur des conjurés
12. Il Trovatore . . . . Miserere
13. Tannhäuser . . . Marche
14. La Traviata . . Se una pudica vergine
15. Semiramis . . Andante de l'ouverture
16. La Favorite . . . Choeur final
Cylindre No 3
1. Ruhethal . . Chant de Mendelssohn
2. Les Contes d'Hoffmann . . Sérénade
3. Un Ballo in Maschera . . Morro ma prima
4. Rigoletto . . . . . . Quatuor
5. Chanson de Fortunio d'Offenbach
6. L'Africaine . . . . Choeur des évêques
7. Mignon . . . . Connais-tu le pays!
8. Le Pardon de Ploërmel . . Choeur
9. Rêverie de Vieuxtemps
10. La Juive . . . Dieu que ma voix tremblante
11. Du bist so nah und doch so fern! Romance
12. Martha . . . . . Quintetto
13. Carmen . . . . . Air du toréador
14. Lucia di Lammermoor . . Sextuor
15. Le Freyschütz . . . Prière d'Agathe
16. Lohengrin . . . . Braut-Chor

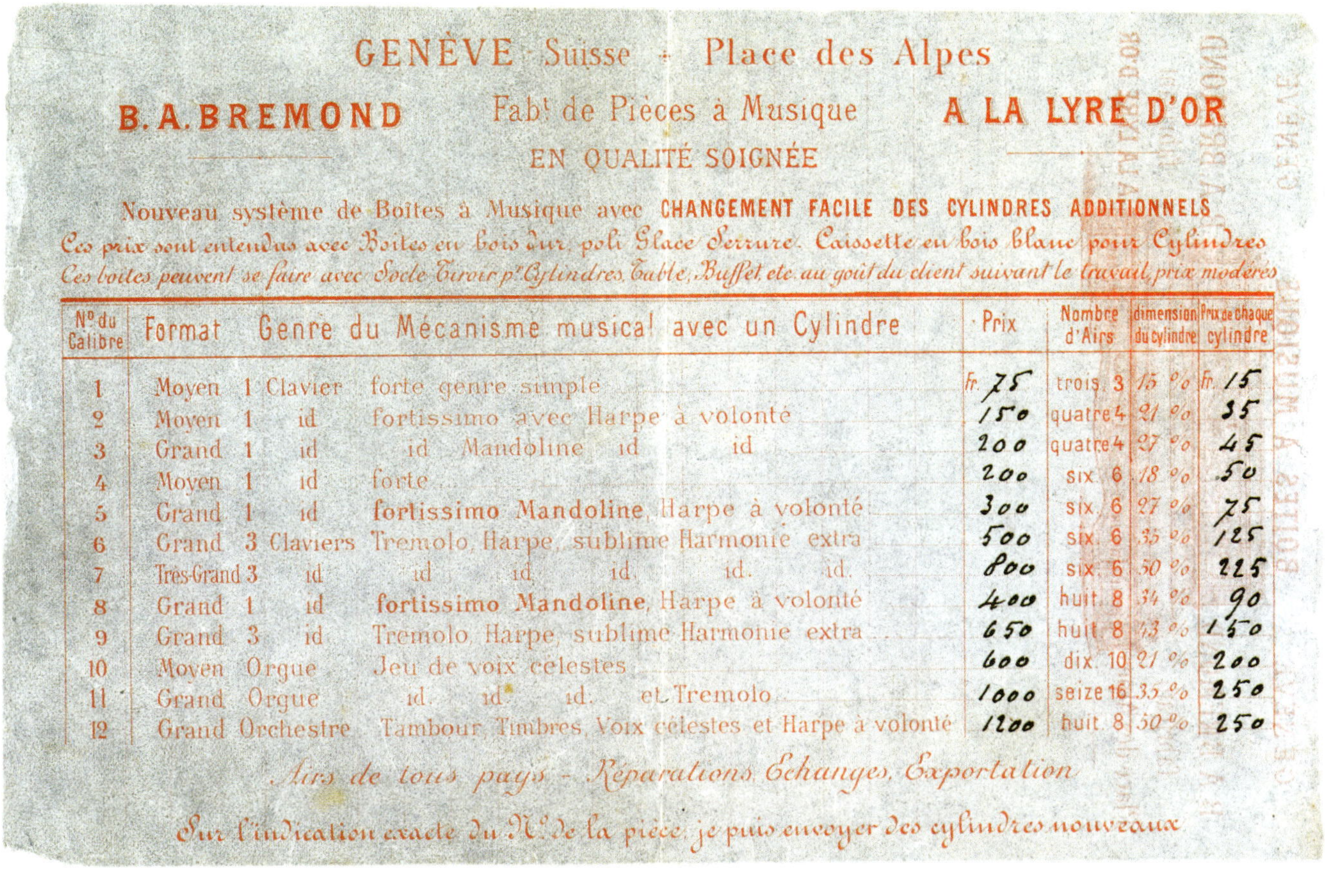
GENÈVE Suisse + Place des Alpes

B. A. BREMOND Fab^t de Pièces à Musique A LA LYRE D'OR

EN QUALITÉ SOIGNÉE

Nouveau système de Boîtes à Musique avec CHANGEMENT FACILE DES CYLINDRES ADDITIONNELS

Ces prix sont entendus avec Boîtes en bois dur, poli Glace Serrure. Caissette en bois blanc pour Cylindres

Ces boîtes peuvent se faire avec Socle Tiroir p^r Cylindres, Table, Buffet, etc. au goût du client suivant le travail, prix modérés

N° du Calibre	Format	Genre du Mécanisme musical avec un Cylindre	Prix	Nombre d'Airs	dimension du cylindre	Prix de chaque cylindre
1	Moyen 1 Clavier	forte genre simple	Fr. 75	trois. 3	15 %	Fr. 15
2	Moyen 1 id	fortissimo avec Harpe à volonté	150	quatre 4	21 %	35
3	Grand 1 id	id Mandoline id id	200	quatre 4	27 %	45
4	Moyen 1 id	forte	200	six. 6	18 %	50
5	Grand 1 id	**fortissimo Mandoline**, Harpe à volonté	300	six. 6	27 %	75
6	Grand 3 Claviers	Tremolo, Harpe, sublime Harmonie extra	500	six. 6	35 %	125
7	Très-Grand 3 id	id id id id. id.	800	six. 6	50 %	225
8	Grand 1 id	**fortissimo Mandoline**, Harpe à volonté	400	huit. 8	34 %	90
9	Grand 3 id	Tremolo, Harpe, sublime Harmonie extra	650	huit. 8	43 %	150
10	Moyen Orgue	Jeu de voix célestes	600	dix. 10	21 %	200
11	Grand Orgue	id. id. id. et Tremolo	1000	seize 16	35 %	250
12	Grand Orchestre	Tambour, Timbres, Voix célestes et Harpe à volonté	1200	huit. 8	50 %	250

Airs de tous pays – Réparations, Échanges, Exportation

Sur l'indication exacte du N°. de la pièce, je puis envoyer des cylindres nouveaux

THE BRITANNIA

Musikdose Nr.
Handlung G. Maurer in Spiez (Bern).
CANTIQUE SUISSE

Mechanische Musik im kleinbürgerlichen Zuhause

„Unser Gastgeber hätte seinem hochstehenden Besuche kaum jemals einen Phonographen spielen lassen. Sehr schwerlich ein Saiteninstrument, oder denn in seiner Familie selber wäre ein eingeübter Musiker daheim. Aber sein Spielwerk Nr. 9 – er konnte es nicht umgehen, den Gästen das vaterländische, unvergänglich schöne Lied ‚O mein Heimatland' einmal darauf zum besten zu geben. Wie richtig er gehandelt, drückt sich in den Gesichtern der Besucher aus, die aufs angenehmste überrascht sind von der Feinheit und Harmonie der Töne und ihm den Genuss nachher freundlichst verdanken."

Was hier so überschwenglich angepriesen wird, ist eine Platten-Musikdose in bescheidener Grösse zum Preis von 140 Franken – immer noch soviel wie der Monatslohn eines Angestellten, aber doch weitaus günstiger als die teuren Geräten des vorherigen Kapitels. Der Anbieter: die Firma Maurer aus Spiez, die um die Jahrhundertwende mit Erfolg populäre Musikdosen „fürs Heim" vertrieb. Das Sortiment umfasste neben dem hochgelobten „Spielwerk Nr. 9" Dosen im preislichen Umfeld von 15 bis 400 Franken.

Das Repertoire konnte sich jeder Kunde selbst zusammenstellen. Im Katalog finden sich Werke aus den grossen Opern von Verdi, Donizetti, Gounod, Meyerbeer und anderen damals erfolgreichen Komponisten. Daneben wurden offenbar häufig gängige Lieder verlangt:

„Die von Ihnen bezogene Musikdose Nr. 9 hat uns in jeder Hinsicht befriedigt, sie hat sogar unsere Erwartungen übertroffen. Man hat wirklich eine gediegene Hausmusik, woran sich Alt und Jung erfreuen. Die harmonischen Akkorde lassen wir nicht nur Sonntags, auch bei Gelegenheiten und selbst Werktags in freien Stunden ertönen. Herrlich sind besonders auch die Lieder, die wir so gerne spielen und wo man auch dazu singen kann."

So das Urteil eines enthusiastischen Kunden, das Maurer umgehend in den Firmenprospekt aufnahm – zusammen mit einem weiteren Loblied ebenso zweifelhafter Herkunft:

„Einen wertvollen Artikel hatten wir unserem Wohnzimmer beigefügt mit der Anschaffung der Musikdose Nr. 9. Sehr wertvoll, denn diese Musik hat uns schon viel Freude und Kurzweil bereitet durch den wundervollen Ton. Da spielen wir ja alle unsere Lieblingslieder, wie z. B. ‚Näher mein Gott zu Dir' oder ‚Herz und Herz vereint', ‚Ich will streben', ‚Stille Nacht' u. s. w., wobei auch wir munter mitsingen können, denn sie spielt wie auf einem Klavier so deutlich."

LE
PIANOLA METROSTYLE
DIE CHORALION COMPANY

Mechanische Klaviere

Das Klavier ist das bürgerliche Instrument des 19. Jahrhunderts schlechthin. Es brachte Musik in neuartiger Fülle in Salon oder Wohnzimmer, und Klavierspielen war Pflichtfach für alle Töchter aus guter Familie. Die Mechanik seiner Tasten, Hebel und Hämmer eignete sich aber durchaus auch für den mechanischen Betrieb. Viele Tüftler und Erfinder witterten deshalb einen grossen Markt für das selbstspielende Klavier; ungezählte Patente wurden angemeldet. Kurz vor 1900 stellte die amerikanische Firma Aeolian ihre Marke „Pianola“ vor. Es folgten weitere Firmen mit eigenen Entwicklungen, so die Leipziger Firma Hupfeld mit der „Phonola“. Die Tochter des Berner Klavierbauers Schmidt-Flohr erinnert sich:
„Zu der Zyt isch es neus Instrumänt erfunde worde: ds Phonola. E grosse Chaschte, wo usgseh het, wi nes Klavier, nume sy statt de beide chlyne Pedal zwöi grossi, breiti ybbout gsi. Obe, wo me süsch d Note häregstellt het, isch hinder emme Brätt e ganzi Yrichtig montiert worde, für längi, rundi Rolle dryzhänke. Me het se müessen yfädle, fasch wi binere Schrybmaschine. Die ufglyrete Papyrrolle hei luter verschideni Löcher gha, u dermit het ds Phonola ganzi Musigstück chönne spile. Am luschtigschte het's mi ddunkt, we d'Taschte von ihm sälber uuf- und abeggange sy, wi wen e Geischterhand se würdi abedrücke. Mit emme Chnopf het me das aber chöne abstelle. Ds Einzige für di Maschinery mache z'loufe isch gsi, dass me fei echly fescht het müesse trappen u für das hani Müei gha mit myne churze Bei uf di Mordiopedal abe z möge. I ha mi alli Mal gfreut, wi nes Rumpelstilzli, weni em Bsuech ha dörfe ds Phonola vorfüere. De hani alben yferig trappet u derzue di herrlechschte Klavierkonzärt gspilt. Natürlech mit den ygschaltete Taschte! Mit rote Backe bini über di ganzi Klaviatur gfahre u ha derglyche ta, i syg der gröscht Stygg, wo chönni spile wi der Cortot oder der Brailowsky. Hingägen isch es tümmer gsi, weni unden im Bass ha umegfygureetlet, wäret d'Taschten im Diskant obe wi lätz uuf- und abgumpet sy! Das Phonola isch nid lang im Salon gstande.“
Was Béatrice Schmidts Erinnerungen nicht erwähnen: die Möglichkeit, Anschlagstärke, Tempo und Dämpfer mittels kleiner Handhebel während des Spiels zu beeinflussen. Erst diese Zusatzfunktionen erklären den grossen Erfolg, den so ausgerüstete Klavierautomaten in den ersten Jahrzehnten des 20. Jahrhunderts erlebten. Ein Inserat der Firma Hupfeld von 1904 nennt als Grund: „Der Spielende braucht keine Notenkenntnisse zu besitzen, denn die Phonola führt die Technik des Klavierspiels meisterhaft aus, während er durch seine individuelle Einwirkung sein musikalisches Gefühl zum Ausdruck bringt.“

LE

PIANOLA

MÉTROSTYLE

manière exacte dont le morceau de musique est interprété par les grands artistes.

Nous nous sommes efforcés de donner ci-dessus une idée aussi nette que possible du *Pianola Métrostyle*, mais nous devons ajouter qu'il est nécessaire de le voir fonctionner afin de l'apprécier à sa juste valeur et rendre justice à cette merveille qui permet d'obtenir ce que personne n'aurait jamais osé espérer : **Jouer du piano comme un virtuose sans connaître la musique.**

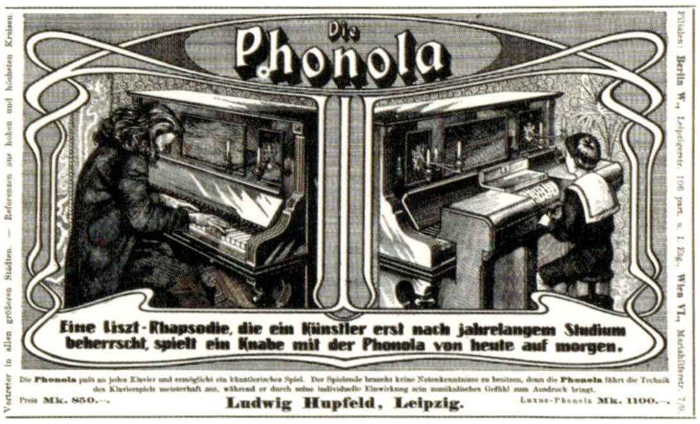

WELTE-MIGNON

Eugen d'Albert für »WELTE-MIGNON« spielend.

Wie erstaunlich und tiefergreifend ist es, sein vor Jahren aufgenommenes Spiel in größter Vollendung durch »WELTE-MIGNON« wiedergegeben zu hören! Der Ruf der »WELTE-MIGNON-PIANOS«, das Vollendetste zu sein auf diesem Gebiete, ist fest begründet in dieser getreuen Wiedergabe des individuellen Spiels, und es ist mir eine künstlerische Befriedigung und eine Freude, heute dem »WELTE-MIGNON« ein reiches vielseitiges Programm anvertraut zu haben, das meine Kunst der Nachwelt überträgt.

PROF. EUGEN d'ALBERT

Daß das altgriechische Sprichwort »erkenne dich selbst« in vollstem Umfange zu betätigen, nun auch dem Pianisten möglich wurde, ist das Verdienst I h r e r wunderbaren Erfindung: des Mignon-Apparates; aber es wird ihm durch diesen auch möglich, andere zu erkennen und gerecht zu beurtheilen ohne die — sei es sym- oder antipathisch — beeinflussende Anwesenheit der »Person«. Hier ist zugleich ein technisches und philosophisches Problem in vollendeter Form gelöst.

ALFRED REISENAUER.

»MIGNON« ist eine ganz außerordentliche Erfindung, von allen Mechanismen der einzige, der auf künstlerische Bedeutung Anspruch gewähren kann. Dem Erfinder meine aufrichtigste Bewunderung.

DR. RICHARD STRAUSS

11

KÜNSTLER

FANNIE BLOOMFIELD-ZEISLER FÜR WELTE-MIGNON SPIELEND.

BLOOMFIELD-ZEISLER, FANNIE

No.		Mark
1459	Pastorale, E-moll Scarlatti-Tausig	20.—
1460	Capriccio, E-dur Scarlatti-Tausig	15.—
1461	Melodie Gluck-Sgambati	16.—
1462	Sonate, C-moll, Op. 111, I. Teil L. van Beethoven	24.—
1463	Sonate, C-moll, Op. 111, II. Teil L. van Beethoven	24.—
1464	Scherzo, B-moll, Op. 31 F. Chopin	24.—

19 2*

Grieg und Strauss von Geisterhand:
Reproduktionsklaviere

Lässt sich musikalisches Gefühl durch eine Maschine überhaupt wiedergeben? Diese Frage beschäftigte einmal mehr die Gemüter, als um 1900 eine neue Generation selbstspielender Pianos auf den Markt kam. Klavierlehrerinnen und -lehrer sprachen sich, wohl kaum uneigennützig, mehrheitlich gegen automatische Klaviere aus. Fortschrittsgläubige Erfinder und Fabrikanten hingegen sahen in der Frage nur ein technisches Problem. Gelang es nämlich, das Klavierspiel mit all seinen Finessen der Anschlagstärke, des Taktverständnisses und der Fingertechnik genau aufzuzeichnen und wiederzugeben, war die Antwort auf die Frage gefunden. Ein Reklameschreiben der Freiburger Firma Welte behauptete 1904 selbstbewusst:
„Durch den von uns erfundenen Original-Aufnahmeapparat ist zum ersten Mal die Möglichkeit geschaffen worden, das Klavierspiel unserer berühmten Meister festzuhalten und durch den sinnreich konstruierten Reproduktions-Apparat Welte-Mignon der Nachwelt zu überliefern."
Tatsächlich liessen in der Folge Klaviervirtuosen aus aller Welt ihr Spiel von der Freiburger Firma festhalten; bis 1930 veröffentlichte Welte mehrere tausend Rollen mit Einspielungen von Pianisten und Pianistinnen wie Eugène d'Albert, Ignaz Paderewski oder Fannie Bloomfield-Zeisler. Auch weltberühmte Komponisten, so Gustav Mahler oder Eduard Grieg, hielten ihre persönliche Version eigener Kompositionen fest. Offenbar überzeugte das Welte-Mignon auch anspruchsvolle Musikliebhaber. So meldete die Zürcher Fabrikantengattin Mina Streuli-Hüni, in deren herrschaftlicher Wohnung fleissig Hausmusik betrieben wurde, am 16. Dezember 1909 ihrer Schwiegertochter:
„Bei uns ist nun ein Welte-Mignon-Klavier installiert. Ich bin ganz von der schlechten Meinung eines solchen abgekommen, seit ich es spielen höre. Es spielt wunderbar schön und korrekt, so dass man glauben könnte, der bedeutendste Künstler spiele dasselbe. Ich lasse nun jeden Abend eins bis zwei Stücke auf dem Klavier spielen, was mir ein grosser Genuss ist und auch immer meine Töchter und Nichten herbeilockt."
Solche Perfektion hatte allerdings ihren Preis. Ein Flügel mit Welte-Mignon-System kostete über 10 000 Franken. Selbst für die einzelnen Rollen – Spielzeit maximal zwölf Minuten – blätterten Frau Direktor und ihre Freundinnen soviel hin, wie zu dieser Zeit eine Putzfrau im Monat verdiente: bis zu 60 Franken.

Mechanische Musik im Kinderzimmer

Kinder und mechanische Musik – eine Liebesbeziehung seit über zweihundert Jahren. Kinder können selbstvergessen den immer gleichen Melodien ihrer kleinen Dose oder Spielorgel lauschen. Und wenn die Erwachsenen ihnen die grosse, schön polierte Musikdose vom Büffet vorführen, lassen sie sich jedesmal aufs neue faszinieren. In Kindheitserinnerungen spielt die mechanische Musik denn auch oft eine bedeutende Rolle:

„Wir Kinder besassen eine abgegriffene, ausgeleierte kleine Spieldose. Dieses Örgelein liebte ich heiss. Wenn die Dämmerung in den grossen Garten einfiel, sass ich oft damit in einem der laubumrankten Gartenhäuschen, neigte den Kopf tief auf das singende Döschen, drehte voll Inbrunst an dem kleinen Hebel und vergass Zeit und Ort." (aus: Olga Meyer erzählt aus ihrem Leben)

„Die Küche leer, alle Zimmer leer. Nur Auguste war oben in ihrer Dachkammer. Ich trat zu Augustes Kommode und nahm den runden, weissen, vom Meer glatt geschliffenen Stein, den sie dort aufbewahrte, in die Hand, umschloss ihn mit der Hand, hielt ihn so, fühlte das Innere der Hand ganz erfüllt von ihm und bat Auguste, dass sie eine Platte auf die Spieldose legen möge. Auguste zog das Werk mit dem Schlüssel auf. Während aus der durchlöcherten, mit Zacken versehenen Blechplatte die spröde, brüchige Melodie klimperte, sass Auguste, die geäderten Hände gefaltet, in ihrem violetten Unterrock auf dem Bettrand, und durch das offene Fenster hörte ich von fern her das Rollen der Eisenbahn und die Stimmen der Spielenden im Garten." (aus: Peter Weiss, Abschied von den Eltern)

„Mutter zog die Rosenholz-Dose unter dem Sofa hervor, öffnete den Deckel, stellte den Mechanismus an – die Melodien von ‚Maritana', der polnischen Mazurka, dem lieblichen Strauss-Walzer – sie spielten und spielten, die süssen, dünnen Töne unter dem Glas. Und wir tanzten rund herum, bis die Musikdose abgelaufen war." (aus: Eleanor Farjeon, A Nursery in the Nineties)

„Dann öffnete Vater seine Überraschung, eine grosse, hölzerne Dose. Es war eine Musikdose, welche grosse, stachlige, runde Blechplatten spielte (...) Er sagte, dies sei ein deutsches Polyphon. Es war wunderbare Musik, wie die Glocken von St. Simon, wenn man über den Hügel wanderte, um Herrn Mundy predigen zu hören und die Hymne danach, aber das Polyphon war viel schöner." (aus: Henry Williamson: Donkey Boy)

Ernst Schreyer
Musikwaren
Hamburg, Steinstrasse 40
Kalliope
Made in Leipzig (Germany)
115
Kärnthner-Liedermarsch

IDEAL MUSIC BOXES
HIGHEST AWARD
MEDAL AND DIPLOMA AT THE
COLUMBIAN EXPOSITION.
IDEAL MUSICAL BOXES are the most complete, durable, and perfect boxes made, produce the most exquisite music and will play any number of tunes.
We have in stock 21 different styles, from $70.00 up. These instruments are all guaranteed. Also, a Complete line of musical boxes of all styles and sizes, from 40 cts. to $1500.00, and a line of musical novelties.
Send 4-cent stamp for 65-page illustrated catalogue with list of tunes.
JACOT & SON, 39 Union Sq., N. Y. City.

Politische Ereignisse.
Politische Ereignisse.
WIR WOLLEN SEIN EIN EINIG VOLK VON BRÜDERN
Als Demuth weint und Hochmuth lacht,
I. Bund 1291 Uri, Schwyz, Unterwalden
Da ward der Schweizer Bund gemacht.
Schwur im Rütli – 7. November 1307.
Wir wollen frei sein, wie die Väter waren,
Eher den Tod, als in der Knechtschaft leben;
Wir wollen trauen auf den höchsten Gott,
Und uns nicht fürchten vor der Macht der Menschen

Was klimpern kann, klimpert: **mechanische Musik im Alltag**

Unnütze Gegenstände sind kein Privileg unserer Zeit. Auch im 19. Jahrhundert wurden riesige Mengen von Dingen hergestellt, die kaum einen praktischen Nutzen hatten, die aber das Herz erfreuten oder wenigstens aus der Patsche halfen, wenn man irgendein Geschenk mitbringen musste. Die gleichen billigen Musikwerke, die das Kinderspielzeug zum Klingen brachten, fanden auch in den sogenannten *novelties* oder *articles de fantaisie* Verwendung. Der Fantasie waren keine Grenzen gesetzt: Fotoalben, Gläserspender, Zigarrendosen, Weinkaraffen, Bierhumpen, Nähschachteln, Plattenuntersätze, Kinderstühlchen, Christbaumständer, Garderobenhalter, Heiligenfiguren – und alles mit Musik!
Auch die Souvenirbranche setzte die kleinen Musikwerke gerne ein, um Reiseandenken aufzuwerten. Es gab Blechdosen mit Ansichten der besuchten Stadt oder Ausstellung, es gab Chalets aus dem Berner Oberland, die als Schatulle dienen konnten und beim Öffnen Musik ertönen liessen – den Berner Marsch oder ein anderes Schweizer Lied. Die Kataloge der Grosshändler zeigen Tausende solcher Artikel, meist in zahlreichen Untervarianten jeder Preisklasse. Diese Vermassung der Produktion kam der Qualität nicht zugute. In ruinösem Preiskampf versuchten die Musikwerkehersteller, immer noch billiger zu produzieren; der gute Klang blieb dabei auf der Strecke.
Bald nachdem die grossen Musikdosen aus der Mode gerieten, wurde auch die Herstellung von Musikwerken zur Nischenproduktion. Grosse Firmen mussten entweder auf neue Produkte umstellen – oder schliessen. Als die Nachfrage nach dem Zweiten Weltkrieg wieder anstieg, verloren die Schweizer Hersteller den grössten Teil des Marktes an japanische Firmen. Diese haben ihre Vormachtstellung seither noch ausgebaut. Heute werden jährlich gut 100 Millionen kleine Spielwerke hergestellt – weit mehr als je im 19. Jahrhundert.

Mit auswechselbaren Metall-Notenscheiben.

No. 1783.

Gloriosa,

den Christbaum mit feierlicher Musik drehend, sowie während des Jahres in Familie und Hôtel alle möglichen andere Gegenstände mit heiterer Musik drehend, mit auswechselbaren Stahlnoten.

Zubehör:

10 Notenscheiben, 1 massiver Christbaumhalter für Stämme bis 55 mm Durchmesser, 1 reiche Ornament-Aufsatzschale (22 cm Dm.) für Jardinièren, Tafelaufsätze, Dessertfrüchte etc., mit Verpackung und Kiste per Stück Mk. 69,–.

Extra-Noten dazu à Mk. –,50.

No. 1414.

In einfacherer Ausstattung als No. 1783 mit 10 Noten u. s. w. Mk. 55,–.

Extra-Noten wie zu No. 1783.

Prinzipien des Klingens

Ob Spieldose oder Karussellorgel – drei Dinge sind unerlässlich.

Ein mechanisches Musikinstrument braucht …

… etwas zum Tönen: einen oder mehrere Klangkörper

… etwas zum Erinnern: Band oder Walze zum Speichern und Ablesen des Programms

… etwas zum Bewegen: einen Antrieb, von Hand getätigt oder mechanisch gespiesen

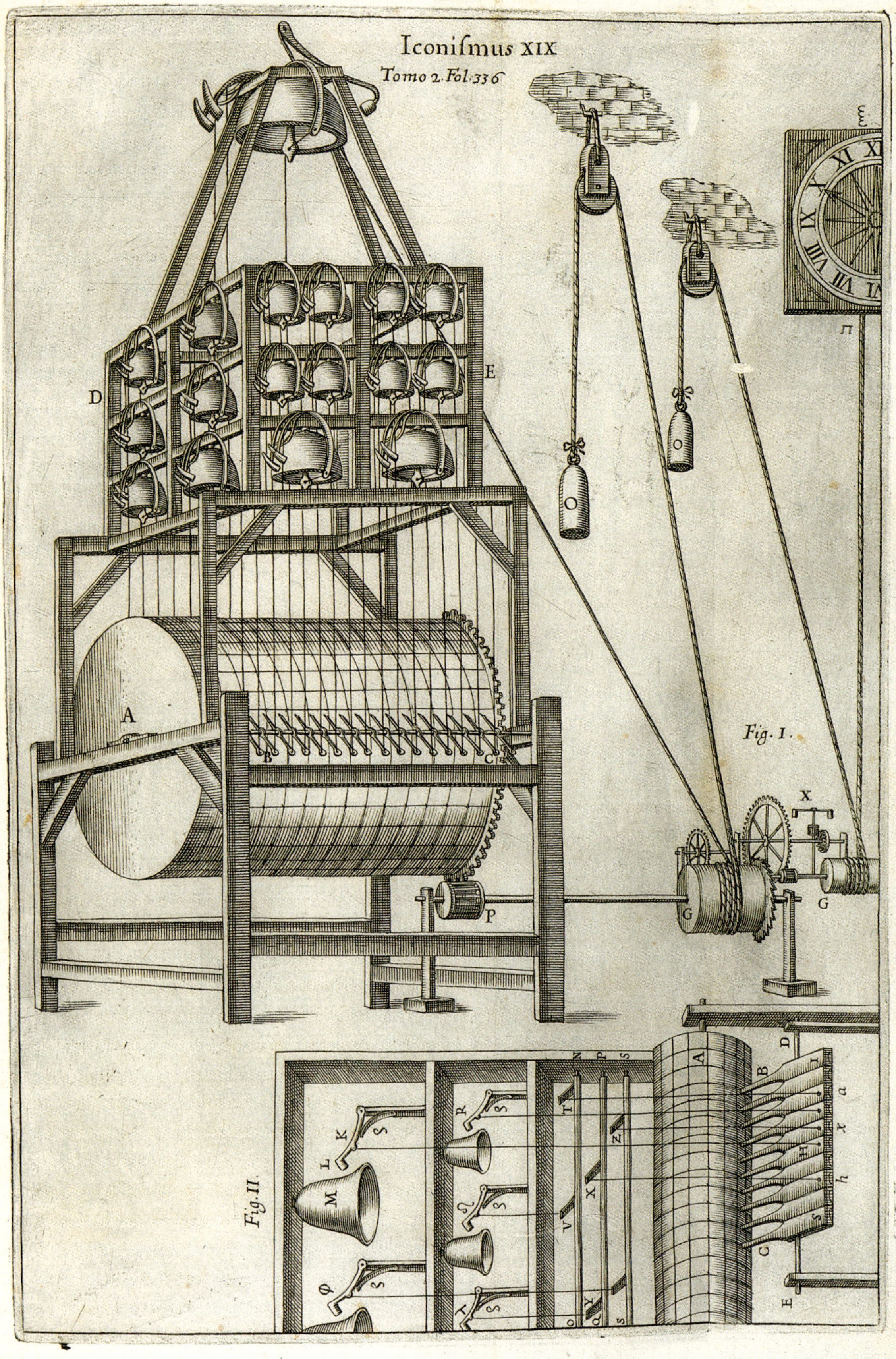
Iconiſmus XIX
Tomo 2. Fol. 336
Fig. I.
Fig. II.

Klangkörper

Die meisten Klangkörper, welche bei mechanischen Musikinstrumenten zum Einsatz kommen, finden sich in der handgespielten Musik: Glocken, Flöten, Saiten oder Klangstäbe. Einzig der Tonkamm der Musikdosen wurde eigens für mechanische Instrumente entwickelt und kennt kein entsprechendes Vorbild.

Die Anwendung der Mechanik beschränkt sich normalerweise auf das Auslösen des Klangs. Eine weitergehende Imitation des musikalischen Ausdrucks findet sich nur selten. Das führt dazu, dass mechanische Musik zwar oft recht präzis, aber auch ziemlich gefühl- und leblos tönt. Das Imitieren von Ausdruckswerten durch unterschiedliche Anschlagstärken, verschiedene Anblastechniken von Pfeifen oder von rhythmischen Feinheiten stellte die Mechaniker vor fast unlösbare Probleme. Einzige Ausnahme: Reproduktionsklaviere und -orgeln geben eine persönlich gefärbte Interpretation wieder. Beim Rest der Instrumente gelingt es im besten Fall, den mechanischen Teil des Vortrags möglichst akkurat auszuführen, was seinen eigenen Reiz hat. Von den an der Weltausstellung 1867 in Paris präsentierten Musikdosen berichtet ein Journalist:

„Fehlt diesen Werken auch, wie allen Musikmaschinen, die Seele, die zu geben die Aufgabe des denkenden und empfindenden Künstlers bleibt, so erregen sie doch durch ihre Virtuosität und unbeirrte Correctheit, so einfach oder schwierig die Composition sei, das Vergnügen der Zuhörer."

(Blätter für Industrie, Kunst und Gewerbe, Leipzig 1867)

Neben den vollautomatischen Instrumenten gelangten einige Geräte auf den Markt, bei denen der Spieler durch persönliches Eingreifen die Dynamik beeinflusst. So drehen gewiefte Drehorgelspieler ihr Instrument in subtiler Weise unregelmässig, und bei den pneumatischen Klavieren lassen sich üblicherweise Betonung, Geschwindigkeit und Dämpfung individuell steuern.

75848

Paradigma III.

Quomodo minimi valoris notæ cylindro inseri possint.

HAbet hæc diuisio geometrica tantam vtilitatem, vt nullus eam manuum artificiosus ludus attingere possit; Nam omnes vel imaginabilis temporis diminutiones ita perfectè exhibere potest, vt nulla notula auditum etiam quadricaudata fugiat: Verùm vt Lector Musurgus, in quo se exerceat, habeat, hic aliquas diminutiones ponemus, modumque simul ostendemus, quomodo eæ in cylindrum transferri possint.

Quadratum Phonotacticum.

Teretismos seu Diminutiones notarum, quas vulgò Trillos & Grupos vocant exacta diuisione continens.

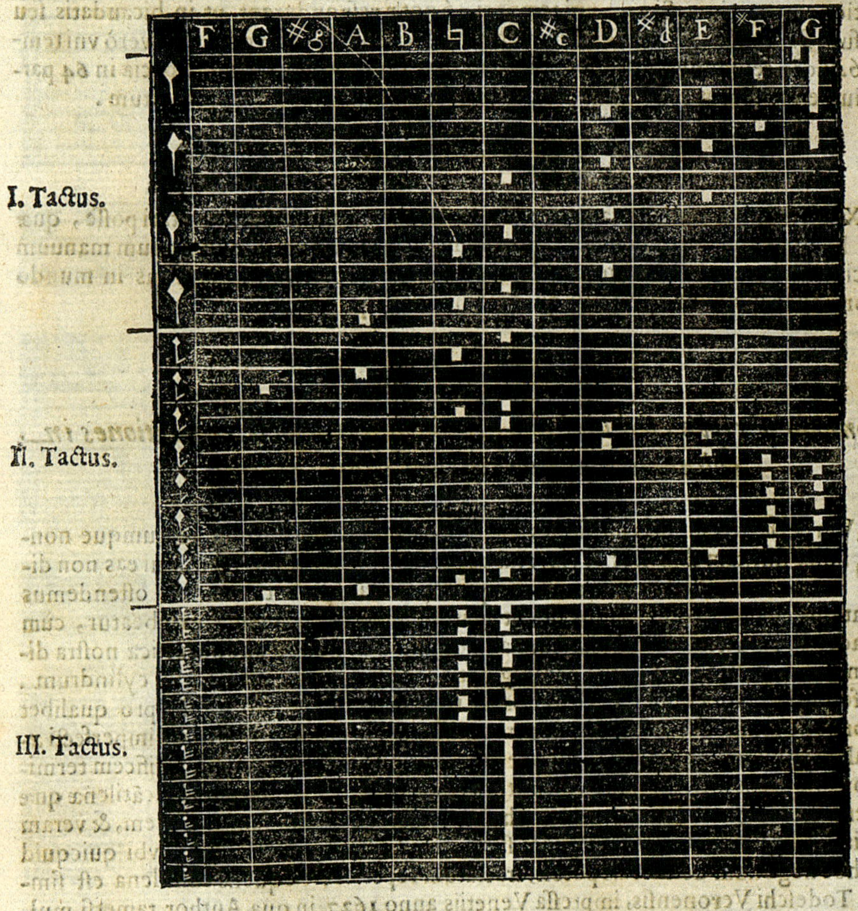

Teretismos siue diminutiones notarum sequentes notę exhibent, quas ob inopiam notarum tricaudatarum siue quadrifusarũ, omnes bicaudas siue semifusas posuimus. ne tamen musurgus in errorẽ incideret, singulis clausulis valorẽ notarũ supposuimus.

S s 2 Exem-

Programmträger

Das Programm eines mechanischen Musikinstruments muss auf einem Träger gespeichert werden. Im Lauf der Jahrhunderte entwickelte man die unterschiedlichsten Methoden. Ob Zylinder mit Stiften, Blechplatte mit Häkchen oder gelochter Papierstreifen – sie alle übertragen die notierte Musik in ihre eigene Notenschrift. Geübte Praktiker können ihr Programm lesen, als hätten sie eine Partitur vor sich.

Als vermutlich älteste Form entwickelte sich der Zylinder. Eine einfache Form des Prinzips kannte bereits die Antike. Dreht sich die Walze, lösen Nocken oder Stifte die gewünschten Funktionen aus. Mit jeder vollen Umdrehung beginnt das Programm wieder von vorne. Das Repertoire eines Zylinders umfasst nur einige wenige, kurze Melodien. Die Herstellung ist aufwendig, das Wechseln meist recht kompliziert. Umgekehrt sind Programmzylinder weniger auf Störungen anfällig als Papier- oder Kartonbänder.

Solche Bänder bilden die zweite Art von Programmträgern. Ihr wesentlicher Vorteil: unbeschränkt lange Programme und einfaches Wechseln. Bei robusten Geräten wie Kirchweihorgeln, die im Freien gespielt werden, finden sich meist Faltbänder aus Karton. Bei feineren Geräten – automatische Klaviere oder Orchestrien für den Einsatz im Hausinnern – kommen Papierbänder auf Rollen zum Einsatz. Während die Kartonbänder leporelloartig zusammengefaltet werden und mitunter Endlosschlaufen bilden, müssen Papierrollen nach dem Abspielen zurückgespult werden.

Bei den Lochbändern erfolgt das Ablesen meist pneumatisch, also mit Druck- oder Saugluft. Dazu werden die Bänder über eine Ablesevorrichtung gezogen, wobei die Löcher entsprechende Funktionen auslösen.

Einzelne Gerätetypen operieren mit Blech- oder Kartonplatten; hier fungieren Häkchen oder Löcher als Melodieträger. So wie die Zylinder gestatten sie mehrfaches aufeinanderfolgendes Abspielen des gleichen Programms. Sie sind aber einfacher in der Herstellung – und damit billiger. Und: sie lassen sich mühelos auswechseln.

CARL FREI
Orgelfabrik
telefon 7945

Facteur d'Orgues. Pl. XCVI.

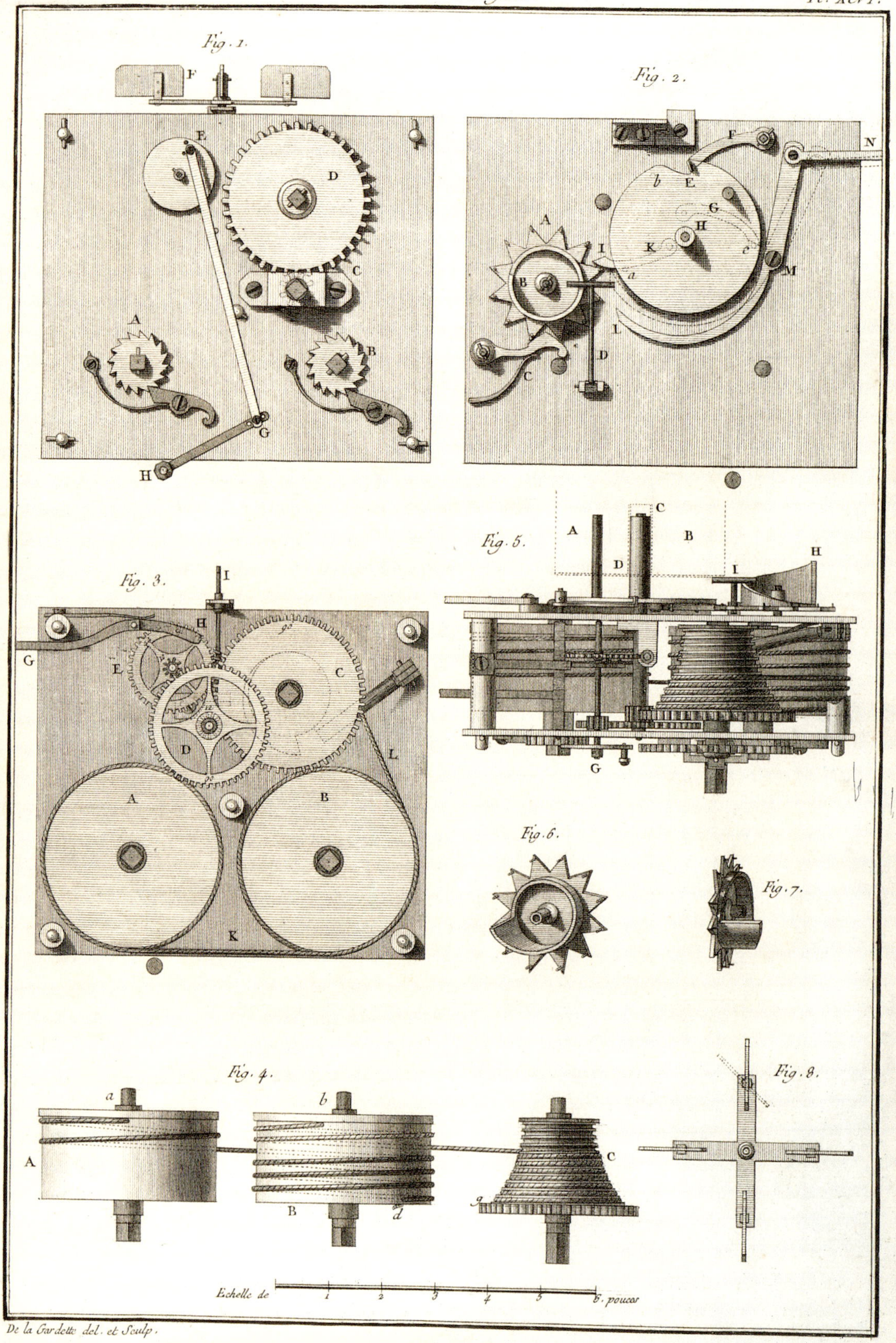

De la Gardette del. et Sculp.

Antriebsmöglichkeiten

Mechanische Musikinstrumente brauchen eine Kraftquelle als Antrieb. Vor der allgemeinen Verbreitung des elektrischen Stroms standen dafür die aus der Uhrentechnik bekannten Kraftquellen zur Verfügung: Gewichtsantrieb und Federantrieb. Oft wurden deshalb mechanische Instrumente als Spieluhren bezeichnet – selbst wenn das Gerät weder Zifferblatt noch Zeiger aufwies.

Beim Gewichtsantrieb wird die Fallenergie eines Gewichts ausgenützt; sie bringt über ein Räderwerk die Mechanik zum Laufen. Je nach Grösse des Instruments kommen dabei bis zu hundert Kilogramm schwere Bleigewichte zum Einsatz. Beim Federantrieb wird ein Band aus Federstahl um eine Achse gewickelt. Das Band möchte sich wieder entrollen – Energie, die sich ebenfalls über ein Räderwerk zum Antrieb der Mechanik nutzen lässt.

Damit sich die Energie nicht sprungartig entlädt, braucht es eine Ablaufregelung. Meist geschieht dies durch einen Windfang; hier sorgt der Luftwiderstand für einen gleichmässigen Ablauf. Etwa seit dem Jahre 1900 finden sich bei grösseren Mechanismen Fliehkraftregler, die beim Erreichen der gewünschten Umdrehungszahl eine Bremsfunktion auslösen.

Da Instrumente mit Orgelpfeifen ohnehin eine Windversorgung brauchen, nutzen manche den Winddruck auch für das Ablesen der Informationen oder für den Antrieb der Lochstreifen. Dies geschieht über Balgmechanismen. Bei geöffneter Abdeckung bietet ein pneumatisch gesteuertes Instrument einen spektakulären Anblick: während es spielt, sieht man Dutzende grosser und kleiner Luftbälge auf- und zuklappen.

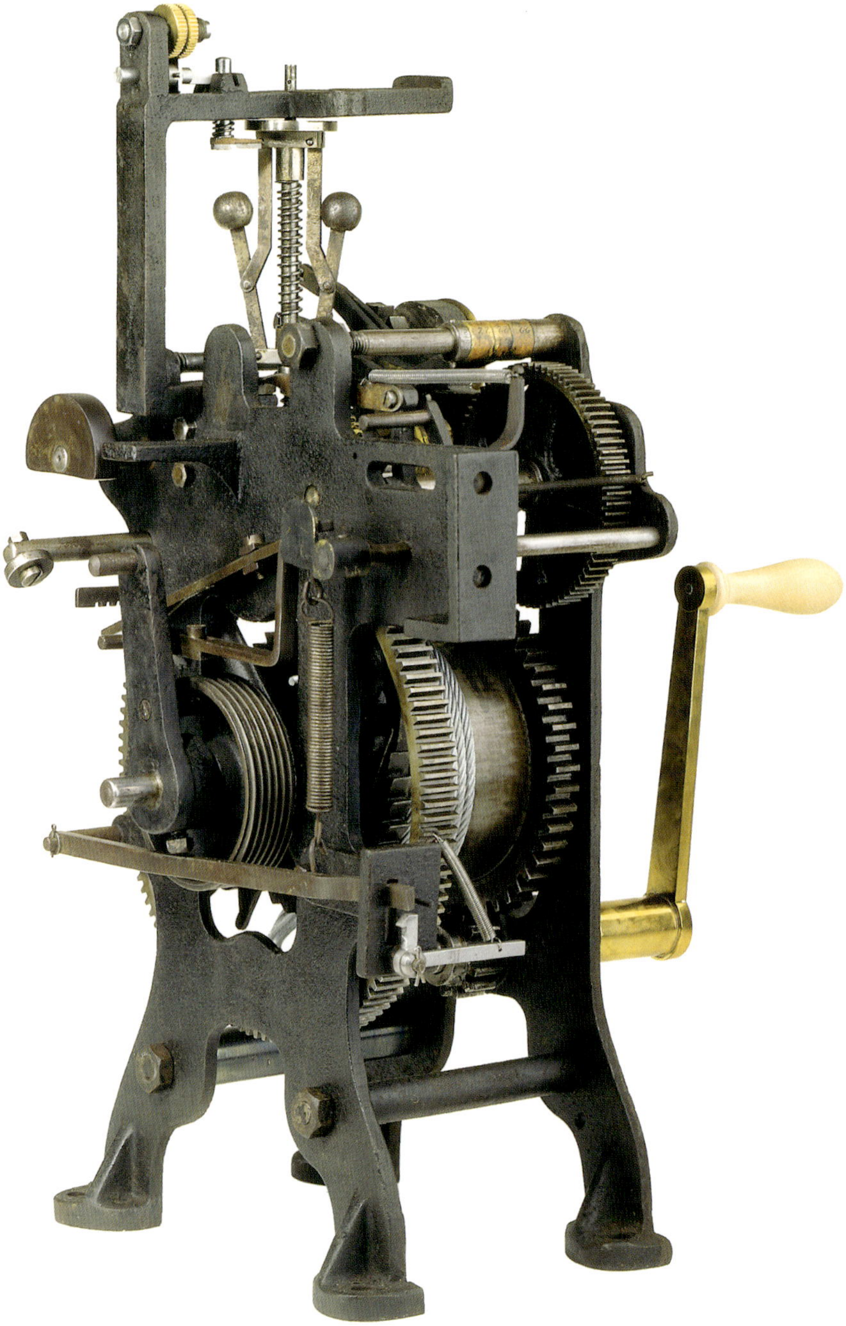

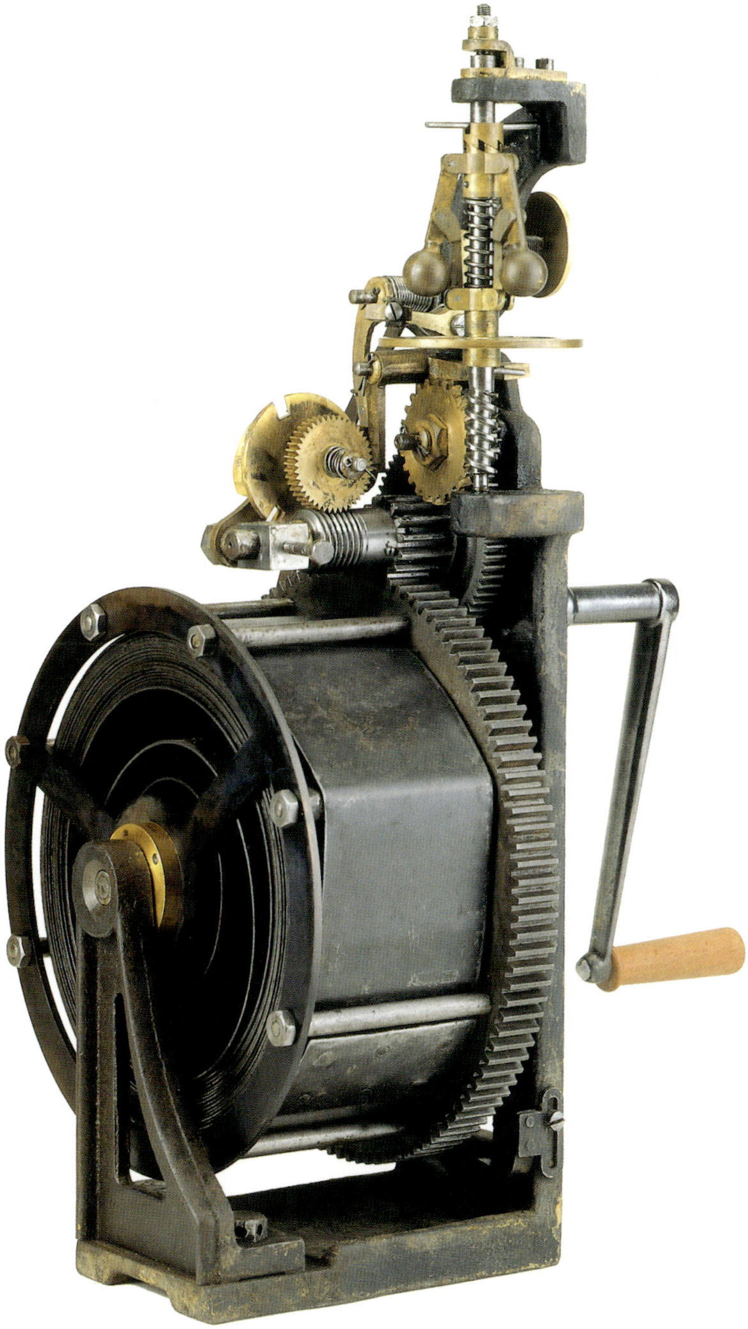

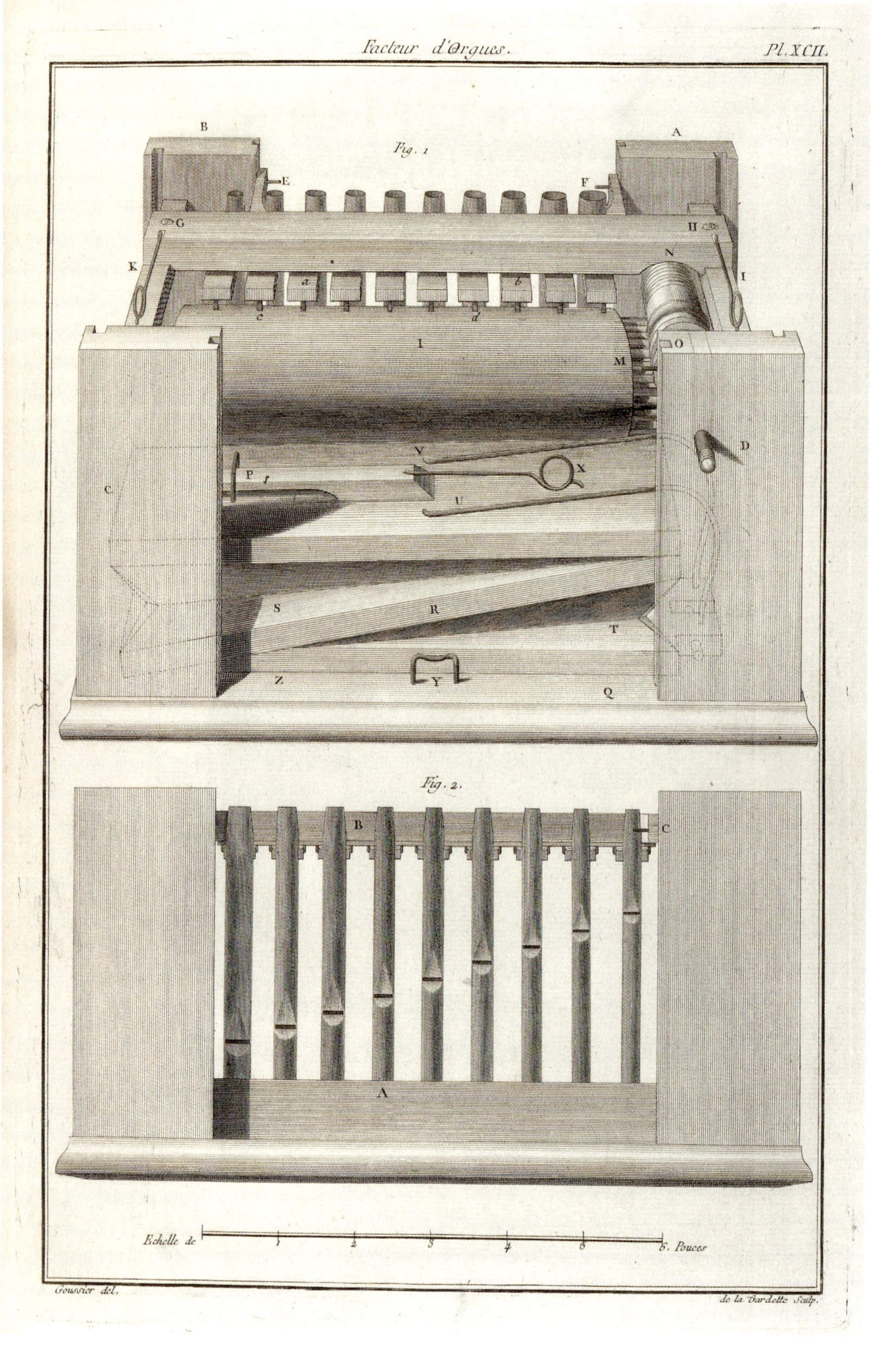
Facteur d'Orgues.
Pl. XCII.
Fig. 1
A
B
C
D
E
F
G
H
I
K
L
M
N
O
P
Q
R
S
T
U
V
X
Y
Z
a
b
c
d
Fig. 2.
A
B
C
Echelle de
1
2
3
4
5
6. Pouces
Goussier del.
de la Gardette Sculp.

Windinstrumente

Bei einer ganzen Gruppe mechanischer Musikinstrumente wird der Klang durch bewegte Luft (Wind) erzeugt: grosse Orgeln, Harmoniums, Drehorgeln, Flötenuhren, Leierkästen und Vogelautomaten. Den nötigen Wind liefern meist Blasbälge. Als Klangkörper finden sich einerseits Pfeifen und Flöten aller Art, aber auch durchschlagende Zungen, wie sie in Mund- und Handharmonikas verwendet werden.
Die Bauart der Mechanik ist vielfältig: vom einfachen mechanischen Aufbau der Drehorgel bis hin zum pneumatisch gesteuerten Harmonium mit seinen vielen Registern, oder zum winzigen Kinderspielzeug auf Mundharmonika-Basis.

Eine spezielle Art des Klangelements findet sich in den Vogelautomaten. Im 18. Jahrhundert wurden Vogelorgeln mit Zinnpfeifen gebaut, die in der Klangfarbe des Amselgesangs kleine Musikstücke spielten; ab etwa 1790 diente eine Pfeife mit verstellbarem Hubzapfen als Klangkörper. Der Hubzapfen erlaubte es, die Tonhöhe stufenlos zu variieren und so das typische Gleiten des Vogelgesangs nachzuahmen. Neben den Vogelkäfigen und Schmuckdosen mit Automatenwerk gab es für den Waidmann nach diesem Prinzip gebaute sogenannte Lockvogeldosen, mit denen Vögel angelockt wurden.

Bildlegenden

4 Blick in das Foyer des neuen Museums mit der grossen Jahrmarktorgel von Carl Frei und Sohn, Waldkirch (D). (LM 71732)

7 Zur Erinnerung an den 200. Jahrestag der Erfindung von Antoine Favre-Salomon wurde 1996 im Schweizerischen Landesmuseum Zürich die Ausstellung „KlangKunst“ durchgeführt. Sie wurde vom Museum für Musikautomaten in Seewen erarbeitet.

8 Heinrich Weiss, der Gründer des Musikautomaten-Museums Seewen; Aufnahme von 1999.

9 1989 besuchte Bundesrat Flavio Cotti das Privatmuseum von Heinrich Weiss.

10 Links: Einer der Ausstellungssäle des alten Seewener Museums; Aufnahme um 1995.

Rechts: Die verschiedenen Gebäude des Museums von Heinrich Weiss auf dem Bollhübel in Seewen; Aufnahme um 1990.

11 Der langgestreckte Neubau des Museums im Jahre 1999.

13 Manivelle-Musikdose für den Einbau in Kinderspielzeuge (LM 75122, Abbildung seitenverkehrt)

14 Stich aus Caspar Schott: Magia universalis, 1657.

16 Links: Pendule mit Schlagwerk, Glockenspiel und Vogelautomat von Pierre Jaquet-Droz. La Chaux-de-Fonds um 1760. (LM 74657)

Rechts oben: Stutzuhr mit Glockenspiel und Flötenwerk, vermutlich La Chaux-de-Fonds um 1760. (LM 71815)

Rechts unten: Stutzuhr mit Glockenspiel, vermutlich La Chaux-de-Fonds um 1765. (LM 71883)

18 Stich aus der Encyclopédie von Diderot und d'Alembert, um 1770.

20 Tabatière mit Glockenspiel, vermutlich Genf um 1790. (LM 71501)

21 Siegellackdose mit Glockenspiel, vermutlich Genf um 1780. (LM 75141)

22 William Hogarth (1697 bis 1764): The Graham Children. (National Gallery Picture Library, London, NG 4756)

24–25 Werk einer Tabatière mit Vogelautomat, vermutlich Genf um 1800. (aus LM 74946)

25 Oben: Visitenkarte von Charles Bruguier Fils, Genf um 1865.

26–27 Der kleine Vogel auf der emaillierten Birne.

28 Oben: Vogelkäfig mit Automatenwerk, vermutlich Genf um 1810. (LM 71533)

Unten: Die Zwitscherpfeife des Automatenwerks.

30 Oben: Der obere Teil der Mechanik des Vogelkäfigs.

Unten: Das Automatenwerk zur Erzeugung des Gezwitschers und der Bewegungen.

32 Der Rapport vom 9. März 1776 über die Erfindung von Antoine Favre-Salomon. (Archives de la Société des Arts, Genève)

34 Das älteste bekannte Musikwerk mit Lamellentönen aus einem Fingerring, Piguet & Capt, Genf um 1802. (aus LM 78303)

36 Links: Fingerring mit Figurenautomat und Musikwerk, vermutlich Genf um 1803. (LM 75142)

Rechts: Fingerring mit Figurenautomat und Musikwerk, Piguet & Capt, Genf um 1802. (LM 78303)

37 Oben: Mandoline mit Uhr, Figurenautomat und Musikwerk, Piguet & Capt, Genf um 1804. (LM 30764)

Unten: Parfümflakon mit Musikwerk, Piguet & Capt, Genf um 1807. (DEP 3647)

38–39 Taschenuhr mit Teller-Musikwerk, vermutlich Genf 1817. (LM 71527)

40 Musikwerk für eine Tabatière mit aufgesetztem Automatenwerk, vermutlich Genf um 1820. (aus LM 71901)

42 Detaillierte Darstellung eines Tabatièren-Musikwerks von G. Altmütter, Wien um 1820.

43 Oben: Musikwerk mit Stiftzylinder für eine Tabatière von Désire & Chapuis, Genf 1809. (aus LM 71556)

Unten: Tabatière mit Teller-Musikwerk, vermutlich Genf 1821. (LM 73485)

44 Tonkamm einer Musikdose von 1818 mit einzelnen Tonlamellen. (aus LM 71673)

46 Links: Musikdose mit einzelnen Tonlamellen, vermutlich aus La Chaux-de-Fonds 1818. (LM 71673)

Rechts: Musikdose in Form eines Buches mit Tonkamm aus einem Stück von F. Nicole, Genf 1819. (LM 75415)

47 Musikwerk einer Musikdose von Frères Nicole, Genf um 1825. (LM 71830, Abbildung seitenverkehrt)

48–49 Der obere Teil der Prunkuhr mit dem Vogelautomatenwerk.

49 Prunkuhr in Form einer Vase mit Musikwerk und Vogelautomat von Frères Rochat, Genf 1826. (DEP 3634)

50 Oben: Das Vogelautomatenwerk von oben.

Mitte oben: Das Vogelautomatenwerk von vorn.

Mitte unten: Das Musikwerk mit zusätzlicher Auslösung.

Unten: Der Sockel mit dem eingebauten Musikwerk.

52–53 Das Musikwerk mit dem aufgesetzten Figurenautomaten.

54 Oben: Der Vogelautomat mit den zwei Vögeln auf ihren Stangen.

Mitte: Der Sockel mit dem eingebauten Automatenwerk und der Tormechanik.

Unten: Prunkuhr in Form eines Tempels mit Musikwerk und Figurenautomat, vermutlich von Louis Rochat, Genf 1830 bis 1840. (LM 71888)

56 Zeitgenössische Fotografie einer Musikdose von Cuendet-Develay, Sainte-Croix um 1895. (Musée de l'Elysée, Lausanne)

58 Musikdose „Mandoline-Basse-Piccolo“ von Edouard Jaccard, Sainte-Croix um 1885. (LM 74503)

59 Musikdose „Orchestrion-Flûte“, vermutlich Sainte-Croix um 1890. (LM 71832)

60 Oben: Melodieverzeichnis auf einer Genfer Musikdose von etwa 1860. (LM 71839)

Unten: Inserat der Berner Musikdosenfirma J. H. Heller von 1866.

61 Oben: Die Musikdosenfabrik Mermod Frères in Sainte-Croix um 1900.

Unten: Katalog der Firma Julius Cuendet aus L'Auberson um 1895. (Musée Baud, L'Auberson)

62–63 Zeichnung zum Schweizer Patent 11549 von 1895 mit dem Mechanismus der helikoïdalen Spurführung.

64 Oben: Musikdose mit helikoïdaler Spurführung und auswechselbaren Zylindern von Hermann Thorens, Sainte-Croix 1900. (LM 73486)

Unten links: Die Musiktruhe mit den Schubladen für die auswechselbaren Zylinder.

Unten rechts: Hermann Thorens um 1900.

66 Oben: Melodienverzeichnis für ein Musikwerk von Willenbacher und Rzebitschek, Prag um 1845. (aus LM 71597)

Unten: Musikwerk von A. Olbrich, Wien um 1830. (aus LM 79457)

68 Säulenuhr mit Musikwerk von A. Olbrich, Wien um 1830. (LM 79457)

69 Rahmenuhr, vermutlich aus Wien mit Musikwerk von Willenbacher und Rzebitschek, Prag um 1835. (LM 74950)

70 Prospekt für Plattenmusikdosen der Firma Paillard, Sainte-Croix um 1900. (Musée Baud, L'Auberson)

72 Zeichnung zum Schweizer Patent Nr. 14518 von 1897 mit der Ablesemechanik der Edelweiss-Plattenmusikdosen.

73 Links: Plattenmusikdose Edelweiss von Hermann Thorens, Sainte-Croix um 1900. (LM 78062)

Rechts: Prospekt für Edelweiss Plattenmusikdose, Hermann Thorens, Sainte-Croix um 1900. (Musée Baud, L'Auberson)

74 Der Stimmer *(accordeur)* A. Cuendet aus Sainte-Croix um 1875. (Musée Baud, L'Auberson)

76 Obere Reihe: Das Fräsen der Tonkämme, das Stimmen von Tonkämmen, das Markieren der Zylinder; Holzstiche von etwa 1900.

Untere Reihe: Das Bohren und Stiften der Zylinder, das Überfeilen der gestifteten Zylinder, das Verfeinern des fertigen Musikwerks; Holzstiche von etwa 1900.

77 Montage von kleinen Musikwerken bei Hermann Thorens um 1900. (Privatbesitz)

78–79 Die Bänkelsängerin Frau Rosemann, geb. Kahnert, um 1900 vor dem Nicolaiturm in Görlitz; Fotografie aus dem Nachlass von Ernst Becker. (Ostholstein-Museum Neustadt)

80 August Howald, Bern: Der Kreuzgassbrunnen, Aquarell von 1846. (Burgerbibliothek Bern, Mss. hist. helv. XXI 6. 362, S. 140)

82 Die heimatlose Elisabeth Jacob zog rund 15 Jahre mit dem einarmigen Drehorgelspieler Jean-Baptiste Belissy in der Schweiz herum; Fahndungsfoto um 1850. (Schweizerisches Bundesarchiv, E 21 20529, Tafel 28)

83 Drehorgel mit beweglichen Figuren der Gebrüder Bruder, Waldkirch (D) 1862. (LM 71773)

84–85 Drehorgelspieler mit Bacigalupo-Orgeln; Fotografie aus dem Nachlass von Ernst Becker. (Ostholstein-Museum Neustadt)

86 Drehorgelspieler, Fotografie von Charles Nègre, Paris um 1850. (Bibliothèque nationale de France, Paris)

88 Blinder Drehorgelspieler an der Basler Herbstmesse von 1929; Fotografie von Lothar Jeck, Basel.

89 Drehorgel Gavioli Harmoniflûte, Paris um 1890. (LM 71772)

90 Aus der Drehorgelwerkstatt von Giovanni Bacigalupo in Berlin; das Einsetzen von Stiften und Klammern auf einer Drehorgelwalze für eine neue Melodie; Fotografie von Willy Römer, Berlin 1929. (Agentur für Bilder zur Zeitgeschichte, Berlin)

92 Oben: Giovanni Bacigalupo zeichnet neue Musikstücke auf eine Drehorgelwalze; Fotografie von Willy Römer, Berlin 1929. (Agentur für Bilder zur Zeitgeschichte, Berlin)

Unten: Drehorgelverleih in Berlin; Fotografie von Willy Römer, Berlin 1929. (Agentur für Bilder zur Zeitgeschichte, Berlin)

93 Links: Preisliste der Firma Bacigalupo, Berlin um 1920. (Stefan Fleck, Waldkirch)

Rechts: Drehorgel von Wilhelm Holl, Berlin, später Bremen um 1930. (LM 77543)

94 Hieronymus Hess: Drehorgelspieler und Bänkelsänger auf dem Nadelberg in Basel; Aquarell von 1832. (Privatbesitz, Basel)

96–97 Der Bänkelsänger Ernst Becker mit Moritatenschildern des Malers Adam Hölbing (1855 bis 1929); Fotografie aus dem Nachlass von Ernst Becker. (Ostholstein-Museum Neustadt)

98 1928 kaufte Jakob Aebi (links) für 5000 Franken eine neue Orgel für sein Karussell bei der Firma Gebrüder Bruder in Waldkirch (D). (Paul Weber, Richterswil)

100 Jahrmarktorgel von Wilhelm Bruder Söhne, Waldkirch (D) um 1900. (LM 71740)

101 Prospekt der Firma Gebrüder Bruder, Waldkirch (D) um 1920.

102 Links: Automat mit Musikdose und Tanzpuppen, vermutlich von Samuel Karrer, Teufenthal um 1895. (LM 71616)

Mitte: Mechanisches Orchestrion, Hersteller unbekannt, um 1900. (LM 71739)

Rechts: Plattenmusikschrank der Firma Paillard, Sainte-Croix um 1900. (LM 71708)

104–105 „Theater lebender Riesen-Photographien durch den neuesten Kinematograph", links die Dampfmaschine mit dem Generator, rechts die mechanische Orgel; Fotografie um 1908. (Museum Europäischer Kulturen – SMB)

106 Paul Deffner vor einem Violina-Orchestrion der Firma Hupfeld; Fotografie um 1925.

108 Oben links: Prospektblatt für das Hupfeld Violina-Orchestrion, Leipzig um 1925.

Oben rechts: Programmheft für das Hupfeld Violina-Orchestrion des Restaurants „Eisenbahn" in Sursee um 1930.

Unten: Pneumatisch gesteuertes Orchestrion Hupfeld Violina mit Klavier und drei Geigen; Hupfeld, Leipzig um 1925. (LM 71641)

109 Detailaufnahme des Hupfeld Violina.

110–111 Illustration aus der Gebrauchsanleitung für eine Plattenmusikdose der Handlung Maurer, Spiez um 1914. (aus LM 79453)

112 Das Chalet Waldegg der Familie Bühler in Aarburg; Fotografie von F. Naef-Hart, Zofingen um 1895.

113 Musikdose mit Harmoniumtönen aus dem Besitz der Familie Bühler, Aarburg; B. A. Brémond, Genf um 1882. (LM 79444)

114 Das Werk der Musikdose mit Harmoniumtönen von B. A. Brémond. (LM 79444)

115 Bedienungsanleitung zum Wechseln der Zylinder bei Brémond-Musikdosen; Genf um 1880

116 Die Melodienkarte der Musikdose mit Harmoniumtönen. (aus LM 79444)

117 Preisliste der Firma B. A. Brémond aus Genf um 1880.

118 Oben: Plattenmusikdose „Britannia" der Firma B. H. Abrahams, Sainte-Croix um 1900. (LM 71699)

Unten: Plattenmusikdose der Handlung Maurer, Spiez, hergestellt von Hermann Thorens, Sainte-Croix um 1900. (LM 79453)

120 Katalog für das Metrostyle-Pianola, Paris um 1910.

122 Links: Aus dem Katalog für das Metrostyle-Pianola, Paris um 1910.

Rechts oben: Inserat für den Phonola Kunstspiel-Apparat von 1903.

Rechts unten: Inserat für den Phonola Kunstspiel-Apparat von 1904.

123 Pianola-Klavier mit pneumatischer Ablesung für Notenrollen und Reglierungshebeln für Geschwindigkeit, Anschlagstärke und Pedal; Aeolian Company, New York um 1900. (LM 71638)

124–125 Detailaufnahme eines mechanischen Klaviers. (LM 71737)

126 Links: Aus einem Katalog für Welte-Mignon Reproduktionsklaviere; Freiburg (D) um 1910.

Rechts: Aus einem Rollenkatalog für Welte-Mignon Reproduktionsklaviere; Freiburg (D) 1925.

127 Steinway-Welte-Flügel, New York und Freiburg (D) um 1925. (LM 71639)

128 Mutter mit schlafendem Kind und Musikdose; Daguerrotypie von Albert Sands Southworth und Josiah Johnson Hawes um 1850. (Metropolitan Museum of Art, New York, Gift of Edward S. Hawes and Miss Marion Augusta Hawes, 1939; 39.22.1)

130 Links: Schleuderpuppe mit Musikwerk, vermutlich Sainte-Croix um 1900. (LM 71870)

Rechts: Drehdose mit Musikwerk; vermutlich Sainte-Croix um 1900. (LM 71570)

131 Sparkasse mit Tanzpuppe und Musikwerk; Musikwerk vermutlich aus Sainte-Croix um 1895. (LM 75127)

132 Drehdose mit Kalliope Platten-Musikwerk; Leipzig um 1900. (LM 71631)

133 Inserat der Firma Jacot & Son, New York um 1895.

134 Patriotisches Bild mit Musik; vermutlich aus Sainte-Croix um 1895. (LM 74142)

136 Schatulle mit Zylinder-Musikwerk; vermutlich aus Sainte-Suzanne (F) um 1890. (LM 71625)

137 Oben: Gläserkasten mit Musikwerk; vermutlich Sainte-Suzanne (F) um 1880. (LM 75140)

Unten: Inserat für Christbaumständer mit Musikwerk von etwa 1900.

138–139 Detailaufnahme eines mechanischen Orchestrions. (LM 71737)

140 Illustration aus Musurgia universalis von Athanasius Kircher, Rom 1650.

142 Glockenspiel auf der Basis eines Zylinder-Musikwerks, Genf um 1870. (aus LM 71898)

143 Referenzkamm zum Stimmen von Tonkämmen für Musikwerke; Sainte-Croix um 1900. (LM 74848)

144 Illustration aus Musurgia universalis von Athanasius Kircher, Rom 1650.

146 Werk einer Flötenuhr, vermutlich Süddeutschland um 1830. (LM 63951)

147 Detailaufnahme einer Jahrmarktorgel. (LM 71740)

148 Illustration aus „L'art du facteur d'orgues" von Bedos de Celles, Paris 1766ff.

150 Gewicht-Antriebsmotor für ein mechanisches Musikinstrument.

151 Feder-Antriebsmotor für ein mechanisches Musikinstrument.

152 Illustration aus „L'art du facteur d'orgues" von Bedos de Celles, Paris 1766ff.

153 Figurenautomat „Pfeifer"; vermutlich Paris um 1880. (LM 71811)

154 Das Innenleben des Orchestrions Popper Roland mit pneumatischer Steuerung, Leipzig um 1925. (LM 71643)

155 Leierkasten „Organina" für perforierte Kartonbänder; Thibouville-Lamy, Paris um 1900. (LM 78216)

Bildquellen

22 National Gallery Picture Library, London

32 Archives de la Société des Arts, Genève

56 Musée de l'Elysée, Lausanne

61 Unten: Musée Baud, L'Auberson

70 Musée Baud, L'Auberson

73 Rechts: Musée Baud, L'Auberson

74 Musée Baud, L'Auberson

77, 94 Privatbesitz

78–79 Archiv Becker im Ostholstein-Museum Neustadt in Holstein (D)

84–85 Archiv Becker im Ostholstein-Museum Neustadt in Holstein (D)

96–97 Archiv Becker im Ostholstein-Museum Neustadt in Holstein (D)

80 Burgerbibliothek Bern

82 Schweizerisches Bundesarchiv, Bern

86 Bibliothèque nationale de France, Paris

88 Foto Jeck, Basel

90, 92 Agentur für Bilder zur Zeitgeschichte, Berlin

93 Links: Stefan Fleck, Waldkirch

98 Paul Weber, Richterswil

104–105 Museum Europäischer Kulturen – SMB, Berlin

128 The Metropolitan Museum of Art, New York

Die restlichen Bilder stammen vom Museum für Musikautomaten in Seewen (Aussenstelle des Schweizerischen Landesmuseums).

Zitatnachweise

15 W. A. Mozart, Brief vom 3. Oktober 1790 (zitiert nach: Acta Mozartiana, Heft 4, 1956)

29 Jean-Frédéric Leschot, Brief vom 6. November 1793 (Bibliothèque publique et universitaire, Genf)

33 Société des Arts, Sitzungsprotokoll vom 15. Februar 1796, Genf 1796

E. Niqueler: Statistique commerciale et mercantile de Genève, Genf 1831

35 Jean-Frédéric Leschot, Brief vom 22. Februar 1802 (Bibliothèque publique et universitaire, Genf)

41 Theodor Fontane: Vor dem Sturm, Berlin 1878

45 Anonym: Etat de notre Industrie, Neuenburg 1823

51 Heinrich Pestalozzi: Lienhard und Gertrud, Berlin 1783

M de Candolle: Rapport sur l'éxposition de l'industrie genevoise en 1828, Genf 1828

55 Artikel über die Pendule von Louis Rochat (in: Journal de Genève vom 8. Oktober 1829)

75 Louis Philippe Mermod: Brief von 1870 (zitiert nach: Jean Claude Piguet: Les faiseurs de musiques, Sainte-Croix 1996)

83 Mary Jones, Brief vom 18. Dezember 1855 (zitiert nach: Robert Manson Myers: The Children of Pride – A True Story of Georgia and the Civil War, Yale 1972)

87 August Wilhelm Ambros: Culturhistorische Bilder, Berlin 1860 (zitiert nach: Helmut Zeraschi: Drehorgeln, Leipzig 1976)

Artikel in „Le monde musical" vom Juli 1846 (zitiert nach: Helmut Zeraschi: Drehorgeln, Leipzig 1976)

Eugen A. Meier: Das andere Basel, Basel 1975

95 Erika Karasek (Hg.): Schilder Bilder Moritaten, Berlin 1987

99 Peter Weiss: Abschied von den Eltern, Frankfurt 1961

Lisel Lee: D Glattfälderchind, Zollikon 1948

103 Alexander Döblin: Berlin Alexanderplatz, Berlin 1929

107 Paul Tschudin: Meine Ehre ist nicht die Eure! Basel 1986

121 Béatrice Schürch-Schmidt: Mys Hei, my Hund, mys Paradys, Bern 1984

127 Mina Streuli-Hüni: Brief vom 16. Dezember 1909 (Familienarchiv Schulthess, Horgen)

129 Olga Meyer erzählt aus ihrem Leben, Zürich und Stuttgart 1968

Peter Weiss: Abschied von den Eltern, Frankfurt 1961

Eleanor Farjeon: Portrait of a family (A Nursery in the Nineties), London 1935

Henry Williamson: Donkey Boy (in: Life in a Devon village), London 1945

141 Die Pariser Industrie-Ausstellung 1867 (in: Blätter für Industrie, Kunst und Gewerbe, Leipzig 1867)

Fremdsprachige Texte wurden vom Verfasser übersetzt.

Dank

Für Mitarbeit, Anregungen, Überlassen von Illustrationen und vielfältige weitere Hilfen möchte ich folgenden Personen und Institutionen ganz herzlich danken:

Herr Dr. François de Capitani, Bern

Herr Joachim Demmrich, Berlin

Herr Walter Dettwiler vom Historischen Museum Basel

Frau Dolder vom Schweizerischen Bundesarchiv Bern

Frau L. Ehlers vom Schwarzwald Museum Triberg

Herr Peter C. Hoffmann, Basel

Herr Rolf Jeck, Basel

Herr Johannes Hugo Koch vom Ostholstein-Museum Neustadt in Holstein

Frau Valeria Legena, Bern

Frau Arlette Rusticelli vom Musée Baud in L'Auberson

Herr Robert Thorens, Sainte-Croix

Herr Dr. Hans Peter Treichler, Richterswil

Herr J. Harald Wäber von der Burgerbibliothek Bern

Herr Paul Weber, Richterswil

Frau Dr. Wohlfender-Bär, Frauenfeld

Frau Zettler vom Stadtmuseum Berlin

Frau Dr. Irene Ziehe vom Museum Europäischer Kulturen – SMB, Berlin

Seewen, im März 2000

E.C.S

Musée suisse

LANDESMUSEUM	ZÜRICH
MUSEE NATIONAL CHÂTEAU DE PRANGINS	PRANGINS VD
MUSEO DOGANALE SVIZZERO	CANTINE DI GANDRIA TI
FORUM DER SCHWEIZER GESCHICHTE	SCHWYZ
MUSIKAUTOMATEN MUSEUM	SEEWEN SO
SCHLOSS WILDEGG	WILDEGG AG
MUSEUM BÄRENGASSE	ZÜRICH
ZUNFTHAUS ZUR MEISEN	ZÜRICH

Museum für Musikautomaten
Sammlung Dr. h. c. Weiss-Stauffacher
4206 Seewen

Informationen über Öffnungszeiten,
Reservationen für Führungen und Verpflegungsmöglichkeiten:

Tel. 061 915 98 80
Fax 061 915 98 90

www.musee-suisse.ch

Impressum

Konzept Katalog und Ausstellung
Eduard Saluz, Lukas Dietschy

Textredaktion
Hans Peter Treichler

Fotos: Schweizerisches Landesmuseum
Donat Stuppan, Peter Widmer

Katalog
Text: Eduard Saluz
Gestaltung: NOSE Design Intelligence, Zürich, Oliver Mayer
Typografie und Realisation: Elsbeth R. Farner, Zürich
Druck: NZZ Fretz AG, Zürich

1. Auflage 2000

Saluz, Eduard:
Museum für Musikautomaten: Klingendes Erbe / Eduard Saluz.
Hrsg.: Schweizerisches Landesmuseum, 2000
ISBN 3-908025-71-0

EDMZ BBL/EDMZ 3003 Bern Nr. 87. 2000 5000

BUNDESAMT FÜR KULTUR